U0135461

精英的兴衰

基于理论社会学的考察

AN APPLICATION
of
THEORETICAL SOCIOLOGY

The RISE AND FALL of ELITES

Vilfredo Pareto

〔意〕维尔弗雷多·帕累托 —— 著

李立丰 ——————— 译

北京大学出版社
PEKING UNIVERSITY PRESS

本书"导言"及"精英的兴衰"一文，译自以下版本：

Vilfredo Pareto, *The Rise and Fall of Elites: An Application of Theoretical Sociology*, Transaction Publishers, 1991.

"意大利的议会体制"一文，译自以下版本：

Vilfredo Pareto, *The Ruling Class in Italy Before 1900*, Martino Publishing, 2013.

目　录

帕累托的精英理论

苏格拉底：党争结果，如果贫民得到胜利，把敌党一些人处死，一些人流放国外，其余的公民都有同等的公民权和做官的机会——官职通常抽签决定。一个民主制度，我想就是这样产生的。

〔古希腊〕柏拉图著：《理想国》，第七卷①

---

① 原文如此，但这段话出现在汉译本的第八卷，疑似原文作者笔误。参见〔古希腊〕柏拉图：《理想国》，郭斌和、张竹明译，商务印书馆 1986 年版，第 331 页。

本书脚注，皆为译者所加，以下不再一一注明。

维尔弗雷多·帕累托（Vilfredo Pareto）凭借在经济 1
学领域所做贡献，为自己赢得了科学史上的一席之地。
他可谓是"计量经济学"（Econometrics）的先驱之一。
在这个学术积累相对独特的社会科学门类，任何人的学
术加功都可以相当精准地予以明确。如果去除帕累托提
出的相关定理，学科折损一目了然。

然而，让帕累托在经济学圈子之外路人皆知的原因，
是他在社会学（以及某种程度上的政治学）领域的精深
造诣。尤其是去世之后，他声望日隆。1923 年，在意大
利，墨索里尼（Mussolini）创办的一本杂志煞有介事地 2
对这位学人的辞世表示遗憾，同时指出，虽然帕累托算
不上一位法西斯分子，但的确对法西斯思想助益良多。

1936 年，在美国，帕累托的社会学著作①英译本出版

---

① 1936 年的提法疑似笔误，这里所提到的英译著作，应当是指
1935 年在美国出版的《心灵与社会》一书，即 *The Mind and Society*，New
York：Harcourt, Brace and Company, 1935。

后，立即受到追捧，一时洛阳纸贵；例如，《周六评论》（*Saturday Review*）让这位意大利人登上封面，并用几乎一整期的篇幅报道他的相关著述。但这股风潮很快就被甚嚣尘上的"被害情绪"所湮灭——第二次世界大战期间，帕累托被美国人认定为敌对阵营意识形态的代表人物之一。

尽管右翼团体经常扯虎皮当大旗，但帕累托本人显然更为骄傲、超然、尖刻，不太情愿与任何政治运动结盟。他的意见略显极端，但立场鲜明，主张无论隶属于哪个政治派别，只要倾向于社会僵化而不是社会变革，强调站队而不是成就，态度温和而不是强硬，就都必须加以反对。在帕累托看来，占支配地位的群体，只有在面向其他出身的佼佼者敞开大门，允许后者享有和自己一样的特权和回报的机会，并且会毫不犹豫地使用武力对之予以捍卫的情况下才能生存。帕累托不无揶揄地批判了秉持所谓人道主义、态度暧昧软弱的精英阶层。他固然希望所有具备能力的普通人都有机会步入精英阶层，但绝非出于同情穷人的动机。表达和传播这种人道主义情怀，只会削弱精英阶层捍卫自己特权的能力。此外，人道主义情绪很容易成为促使反对派整合团结的基石。

既然帕累托假定，反对派获胜后根本不会制定任何人道主义纲领，那么接受人道主义的论点，就不具备任何道德价值。

显然，帕累托自诩历史大戏的资深看客，能够在其他观众仍然被戏剧化的手势、饱含说教的演说乃至你方唱罢我登场的表演所误导之前，早早洞悉全部剧情。帕累托因自己在这个方面慧眼如炬而颇为得意，并认为没有理由遮遮掩掩。想必这也会让许多读者对这位作者的自负颇感不悦。

帕累托把注意力集中在现有以及潜在的精英群体之上，而对社会的其他阶层几乎未置一言。虽然帕累托所秉持的精英主义情绪可能会在话题选择时发挥一定的作用，但他之所以特别关注社会顶层，当然还存在其他理由。帕累托指出，至少从人员更替和职位重组的意义上来看，社会变革在较高阶层要比在较低阶层迅速得多，当然，最底层的流动务工者可能需要被视为例外。帕累托还相信，精英阶层中发生的事件以及这个群体所做出的决定对社会历史的影响，远大于广大民众所经历的事件以及做出的决定。对此持批判观点的人，不是把群众

当成新兴精英上台革命的温床，就是把群众当成维持社
会惯性或稳定的因素，而这恰恰向帕累托证明，对历史
变迁的研究在很大程度上是围绕精英研究而展开的。

帕累托精英循环理论的基本观点，主要源自他年过
半百后写成的三部①著述：

（一）在题为《基于理论社会学的考察》（*Un applicazione di teorie sociologiche*，Rivista Italiana di Sociologia，1901，pp. 402–456）的论述中，帕累托针对精英循环理论做出了最为简洁明了的介绍。而其姗姗来迟的英译本，题目改成了《精英的兴衰：基于理论社会学的考察》（*The Rise and Fall of the Elites*：*An Application of Theoretical Sociology*）。

（二）两卷本《社会主义体制》（*Les Systèmes socialistes*，Giard，Paris，1902–03）。精通意、法双语的帕累托在用法文写就的这部著作中对于精英理论的研讨，要早于上面提到的《精英的兴衰》。而其价值主要体现为主张马克思主义应被理解为一种世俗宗

①　原文如此，疑似笔误，应为四部。

教，同时强调了人类活动中非理性考量的重要性。

（三）《政治经济手册》（*Manuale di economia politica*），1906 年以意大利语出版，1909 年用法语修订再版。手册开篇关于社会学方法论的章节，同样写于 1901 年出版的那部专著之前。

（四）3000 页之多的巨著《社会学概论》（*Trattato di sociologia generale*, 3 vols. Barbera, Florence, 1916）。在这部公认的代表作中，帕累托除了阐述精英理论之外，还涉及社会学理论的其他若干部分。虽然文集的编排体例略显庞杂，缺乏条理，分类索引在很大程度上让读者感觉颇为吃力，但的确倾注了帕累托的心血。目前，《社会学概论》已被翻译成法语、英语和德语。英文译本最初题为《心灵与社会》（*The Mind and Society*, Harcourt-Brace, New York, 1936）[①]，但最近由帕累托基金（Pareto Fund）安排的重印版恢复了正确的标题，即《社会学原理文集》（*Treatise on General Sociology*, Dover, New York, 1963）。

5

---

① 原文如此，疑似笔误，应为 1935 年。

我在下文将引用《精英的兴衰》作为评论的根据。除非另有说明，所列页码皆源自该书（即本书边码——编注）。除此之外，只有在能够增加全新的中心思想时才会另加借鉴。毕竟，诚如塞缪尔·费纳①在他所编撰的《帕累托社会学著作选集》中所指出的那样，"这番长篇论述可圈可点，预示了帕累托后来几乎所有的立场。"（第20页）。

二

《精英的兴衰》的开篇，包纳了若干类似法则的命题，并通过历史事例对各个命题加以说明。剩下的三章，则利用这些命题来解释（并在一定程度上预测）工人阶级权力、地位的提升。这一框架安排让该书看起来颇具

---

① 塞缪尔·费纳（Samuel Finer, 1915—1993），英国政治学者和历史学者，在推动英国政治研究作为一门学术学科方面发挥了重要作用，开创了英国政治制度研究的先河。文中提及的《帕累托社会学著作选集》，是指 S. E. Finer, *Vilfredo Pareto*: *Sociological Writings* (*selector*), 1966–*the writings of an Italian sociologist*, Frederick A. Praeger (January 1, 1966)。

现代感——等到二十世纪五六十年代，如果乔治·霍斯曼①要探究类似问题，估计就会采用这种组织脉络。考虑到本书出版于1901年，因此可以说是在社会学领域首次明确提出了这一理论命题。和其他使用此类方法的现代学者一样，帕累托并没有对这些法则奢求太多："让我们暂且接受上述法则，视之为或多或少有些道理的假设，进而考察在这些法则的帮助下能否成功地解释事实。"（第27页）

帕累托提出的前两条法则是：

人类行为大多并非源自逻辑推理，而是源自主观情感。（第27页）

人的行为，虽然受缺乏逻辑的动机驱使，却喜欢在逻辑上与某些原则联系起来；因此，为了给自己的行为提供正当性，人们在事后发明了这些原则。（第27页）

---

① 乔治·霍曼斯（George C. Homans，1910—1989），美国社会学者，社会交换论的代表人物之一。

面对纷繁复杂的人类行为，帕累托寻找了一些变化较小的因素［即他在文中所谓的"类型化常量"（Styled Residues）］，与变化较大的因素［即"衍生的变量"（Derivations）］一道构成了人类行为的主体样态。运用这种方法论手段所导致的实际结果便是：常量被视为人类行为的主要动机，而衍生变量则被视为人类行为的外在表现（例如人们谈论其行为背后原因时的语言习惯）。帕累托锁定了六个常量（每个都包括子类别，在这里姑且不论），分别是：

（一）"投机性"（Combination）：例如，创造的倾向与冒险的倾向共存。

（二）"保守性"（Preservation）：例如，倾向于团结，偏好安定。

（三）"表达性"（Expressiveness）：例如，倾向于通过表征来传递个人情感。

（四）"社会性"（Sociability）：例如，倾向于拉帮结伙。

（五）"高尚性"（Integrity）：例如，倾向于维持良好的个人形象。

（六）"色情性"（Sex）：例如，倾向于使用淫秽字眼描述社会现象。

　　在分析精英问题时，帕累托主要利用了前两种常量的创新和整合，或者说，用一种略显笨拙的方式来表达，即"投机的本能"和"群体的保守"。如果将相关考察集中于人的身上，可以将上述概念转化为"开创派"和"保守派"。前者想"得"，后者不"舍"。在当今社会，保守派希望维持传统的养老金、人寿保险、"放射性落尘避难所"（Fallout Shelter）[1]、工作保障、苛刻的离婚法、"工会商店"（Union Shop）[2]。他们把钱存入储蓄银行或购买政府债券，一旦遇到麻烦会选择立即报警。开创派则创造出新奇的事物和解释，把钱投进股市，主张出售"放射性落尘避难所"，开办新企业，从事新交易。在开创派的范畴中，还有另外两种著名的社会学类型——约

---

　　[1] "放射性落尘避难所"一般指使居民免于核爆产生的放射性残骸或落尘影响的封闭空间。

　　[2] 根据德国的《劳动法》，所谓"工会商店"，是指工会与雇主协商，后者同意要么只雇用工会成员，要么要求尚未成为工会成员的任何新雇员在一定时间内成为工会成员。

瑟夫·熊彼特（Joseph Alois Schumpeter）提出的"企业家"（Entrepreneur）和马克斯·韦伯（Max Weber）笔下的"现代资本家"（Modem Capitalist）。帕累托将这些衍生变量分为四大类，隐约让人想起培根所言的"市场偶像"（Idols of the Market Place）：（1）断然主张；（2）诉诸权威；（3）诉诸原则；（4）表达技巧。帕累托在意识形态的内容分析中使用了上述分类法。但在他对精英问题的分析中，这一点并不重要。

"精英"（Elite），应被视为一个价值无涉的概念，即在衡量任何社会价值或商品（效用），包括权力、财富、知识等方面得分最高的群体。帕累托讨论的主要是经济和政治群体中的精英。但是，很容易把这个词的客观用法扩展到科学领域（最博学的群体），也许还可以扩展到宗教语境（最神圣的群体）、艺术维度（艺术水平最高的群体）乃至伦理层面（最高尚的群体）。

帕累托在反思精英群体中的类型化常量时（《社会学原理文集》第2231–2238页），提出了一种重要的类型学划分。如下所示：

主要常量	经济精英	政治精英
创新性	"投机者"	"狐"
保守性	"寻租者"	"狮"

"精英的循环"（Circulation of Elites）不仅仅意味着新一批有钱人和掌权者取代了传统的富人权贵。最重要的是，这意味着，精英阶层中占主导地位的常量发生了变化：保守派取代了开创派，开创派又取代了保守派。

精英的循环流动虽无一定之规，但却持续不断。或者，用一句调整后的马克思主义历史格言来予以表示：9

> 人类的历史，就是精英不断更迭的历史：你来我往，此消彼长。（第 36 页）

这便是帕累托想要解释的过程。但个中原因显然较为复杂。在《社会主义体制》（第 1 章）中，帕累托把战争和生育率的差别增补进来。战争往往导致精英阶层的死亡率远高于普通人的死亡率。因为子女数量相对更少，精英家庭更容易趋于消亡。然而，更具普遍性的是两个不同的决定因素链条，它们相互结合，共同解释了精英的流动。

思路之一（详见《社会学原理文集》第12、13章）是，所有精英在有效地满足正常的生活需求时，有时必须采取创新，有时则必须保守。因此，既需要创新性，也需要保守性。必须开拓创新：要劝说、哄骗、威胁、操纵友方或敌方寻找解决方案。保守也不可或缺：要提供安全和稳定，当科学、信仰和正常的社会压力不再奏效时，就需要动用强有力的手段调动敌友。因此，可以得出命题如下：

10
　　精英群体越是多由开创派组成，或多由保守派组成，就越不能满足普遍需求。

对帕累托来说，特别重要的是，保守派更愿意使用武力来维持现有秩序。在危急情况下，这可能是必要的，因为一般来说，小股训练有素的反叛力量，就可以凭借有组织的暴力活动，征服规模更大但不愿意或无法使用其警察和军事力量实施镇压的既有组织。

创新与整合之间的不平衡，通过精英阶层的开放包容很容易避免。尤其重要的是，主要由保守派组成的精英阶层，需要接纳其阶层中有智慧的创新者。不实行这一政策，就会出现困难，甚至爆发革命："革命是由腐朽因素在社会上层的累积所导致的，或者由于阶级流动的减缓，或者基于其他原因，腐朽分子不再保有让其掌握权力的类型化常量，也不再倾向于使用武力；同时，在社会下层中，具备适宜履行政府职能的、愿意使用武力的常量，且具备较高素质的成分，开始逐渐凸显出来。"（《社会学原理文集》第 57 节）

循环还与另一个过程相辅相成。帕累托提出的法则之一便是：

> 可以在道德、宗教和政治中观察到一种类似经济周期波动的情绪节奏。（第 31 页）

这些潮流起伏，便是宗教信仰的长期趋势，如历史学者在比较十六、十七世纪后所描述的从信仰到怀疑的发展；或对未来的信心趋势，如 1914 年前后欧洲从乐观主义到悲观主义的转变；或观念氛围的其他变化。

如果把这些情绪波动的假设与帕累托提出的第二个社会法则结合起来，就会得出一个全新的命题：

> 通常在不知不觉中被这些潮流冲昏头脑的人，如我们所见，希望把非自愿的行为表现为自愿的，而把缺乏逻辑的行为表现为符合逻辑的，他们用这些拟制的奇怪理由自欺欺人，或者向其他人掩盖自己行为的真正动机。（第35页）

对此观点的极佳例证，来自因应投资者信心上升或丧失趋势，围绕证券交易所相关言论而展开的分析。

> 然而，在牛市行情中，证明企业会赚钱的任何论点都会获得支持；在熊市趋势中，这样的说法则绝对没有市场。在下跌趋势中拒绝购入某些股票的人，认为自己完全在受理性的引导，而他不知道的是，在不知不觉中，自己已经开始潜移默化地受到每天成千上万经济新闻的某种影响。随后，在股票

12

价格上升的情况下，即便获利的机会完全相同，他仍然会购入上面提到的那只股票，或类似的股票，并且将再次认为自己只是在遵循理性的命令，却依旧没有意识到，从不信任到信任，仅仅取决于周围市场气氛所催生的主观情绪。（第 93 页）。

现在，似乎可以得出关于精英阶层转变时点的一个关键假设：

（当宗教人道主义情绪高涨时）衰落的精英阶层变得更温和、更人道、更加不愿捍卫自己的权力。（第 59 页）

如果这跟创新派在精英阶层中占据主导地位相结合，产生的影响无疑是巨大的：

另一方面，他们并没有丧失对他人权益的掠夺和贪婪，而是倾向于尽可能营私舞弊，挖空心思侵吞国家财产。因此，一方面，苛赋越来越重；另一

方面，维持的力量越来越弱。以上这两种情况，导致了精英阶层面临灭亡的灾难。（第59页）

因此，社会上的人道主义情绪日益高涨和精英阶层中创新派占据主导地位，二者联姻，注定了失败的厄运。

对于正在崛起的新兴精英阶层，还需稍加说明。对其而言，为自己的抢班夺权提供正当性话语，再正常不过，而相关的话语表述习惯可能同样受到不断上升的宗教人道主义情绪的影响。在此，可以得到另外一个全新的命题：

> 试图取代传统精英，或仅仅是为了巩固其权力和荣誉的新兴精英，并不会坦然公开地承认这种意图。相反，新兴精英要担当一切受压迫者的领导者，宣称不追求自身私利，而是追求众人的共同利益；之所以进行斗争，不是为了某个受到剥削的阶级的权利，而是为了几乎所有公民的权利。（第36页）

因此，帕累托可以得出结论，在意识形态和宣传层面，

传统精英的衰落似乎伴随着人道主义和利他主义情绪的抬头；新兴精英则似乎是为了弱小者对抗强权而崛起的。（第41页）

当然，这只是在言语习惯的层面上。现实并非如此。

一旦获胜，新兴精英就会出手镇压昔日盟友，或者，充其量，对他们做出一些形式上的让步。（第36页）

精英在获得胜利之后也倾向于垄断所有既得利益。

取得胜利后的精英阶层，开始变得愈发僵化、愈发排外。（第86页）

14

历史的车轮完成了一个完整的循环。新的精英阶层也已成型，流动的进程即将再次轮回。

三

至少到目前为止，帕累托的理论对社会学的影响不大。工业社会学算是一个例外，但只是部分例外。二十世纪二十年代末三十年代初，哈佛商学院进行的"霍桑研究"（Hawthorne Studies）[①] 表明，工人的生产率并不一定与工作条件的改善（如休息暂停、工作时长、照明条件等）有关。更重要的是，研究发现，在某些情况下，工人不会采取理性行动，以确保收入最大化，而是限制产出，从而减少自己收入。帕累托的理论认为，人的动机通常基于情感而非逻辑，这在解释上述发现时无疑颇为讨喜。虽然帕累托理论在工业化后的社会学领域的更大范围应用尚未实现，但仍然可以用来解释企业中等级森严的行政管理层的变迁。

在政治社会学领域，帕累托本人为自己的理论找到

[①] "霍桑研究"也称"霍桑实验"，是在"西方电气公司"（Western Electric）设在伊利诺伊州西塞罗的霍桑工厂中实施的。历时九年的实验和研究，学者们发现人不仅仅受到外在因素的刺激，而且有自身主观上的激励，从而创建了管理行为理论。

了灵感，但他的思想并没有产生太大的影响。人们常说，赖特·米尔斯（C. Wright Mills）的著作《权力精英》（*The Power Elite*）试图用帕累托的话语来解释当代美国的情形。这一论断，揭示了评价者对帕累托或米尔斯，甚至同时对两人研究的无知。在社会分层领域，情况如出一辙：由莱因哈德·本迪克斯（Reinhard Bendix）和西摩·马丁·利普塞特（Seymour Martin Lipset）编撰的关于《阶级、地位和权力》（*Class, Status, and Power*）等具有代表性的著作提出的社会分层理论，没有引用任何帕累托相关学说，也不包含对其理论的任何总结。给予帕累托极大关注的，主要是专注社会学经典学说的阐释以及从事社会思想史研究的社会学研究者。在这方面最杰出的人物，莫过于塔尔科特·帕森斯（Talcott Parsons）。在《社会行动的结构》（*The Structure of Social Action*）① 一书中，帕森斯对帕累托的思想进行了相当篇幅的出色总结。然而，在后来的著述中，帕森斯似乎放弃了此前对于帕累托的理论借鉴，转而开始参考西格蒙

---

① 汉译本可参见〔美〕塔尔科特·帕森斯：《社会行动的结构》，张明德、夏翼南、彭刚译，译林出版社2003年版。

德·弗洛伊德（Sigmund Freud）的观点。

　　与进一步检验帕累托理论相比，学界更多的精力投入到了讨论帕累托理论的独创性方面。帕累托的观点，可归属于包括马基雅维利（Machiavelli）和维科（Vico）在内的学术传统，大致与此同时，米歇尔斯①、莫斯卡②和索雷尔③在同一主题以及类似主题上也做出了重大的学术贡献。在《精英的兴衰》成书的时代，几乎所有欧洲社会科学研究者都认为，必须将马克思的阶级斗争理论作为自己的学术前提。

16　　帕累托关于精英阶层兴衰概念的独创性问题，尤其与莫斯卡相关。莫斯卡对很多人不认为是他发现了精英阶层的流动循环而感到愤愤不平，他认为是帕累托摘了

---

　　① 罗伯特·米歇尔斯（Robert Michels，1876—1936），德国社会学者，马克斯·韦伯的学生，阐述了"寡头铁律"等学说。

　　② 加塔诺·莫斯卡（Gaetano Mosca，1858—1941），意大利政治理论家、新闻记者和公职人员。他以发展精英主义理论和政治阶级学说而知名，是意大利精英学派的3位主要成员之一，另两人是维尔弗雷多·帕累托和罗伯特·米歇尔斯。

　　③ 乔治·索雷尔（George Sorel，1847—1922），法国哲学家，工团主义革命理论支持者。

桃子，事实上偷走了自己应得的荣誉。利文斯顿①在介绍《统治阶级》（*The Ruling Class*）②的英译本时，对相关作品出版的先后顺序予以回顾，在此不多置喙。问题似乎显而易见。帕累托的所有观点，都曾被莫斯卡作为其整体论述的一部分加以阐述或暗示。事实上，帕累托的所有主张，都以这样或那样的形式出现在其他人的早期著作中。然而，在帕累托之前，没有任何人提出过这些具体的命题，也没有人想到可以如此运用和组合。帕累托理论的惊人品质并不在于每个具体的组成部分，而是他把各部分学说巧妙地结合在一起。这种组合实属创新。上述理论建构过程，彰显出一种方法论意义上的复杂精妙，这是与他同时代的社会学者（甚至包括大多数后来的社会学者）所无法比拟的。

帕累托的理论依据是否充分？可以通过在《精英的

---

① 亚瑟·利文斯顿（Arthur Livingston，1883—1944），美国罗曼语族语言和文学教授、翻译家、出版人，在第一次世界大战到第二次世界大战期间将许多欧洲作家介绍给美国读者。

② 中译本可参见〔意〕加塔诺·莫斯卡：《统治阶级》，贾鹏鹏译，译林出版社 2002 年版。

兴衰》中他提出的论据来说明，而非证明。《社会主义体制》和《社会学概论》中的经验证据虽然更为扎实，但仍不如今天的科学实践所要求的那样完整。至多只能认为，将帕累托所有的经验材料加总打包，也只能让其观点更为偏向成立，而非不成立。

支持帕累托理论有其他来源而非原创的证据，缺乏系统性。如前所述，学者常常无视帕累托及其相关理论。索罗金①算是一个重要的例外，他在《社会文化动态》（*Social and Cultural Dynamics*）一书中，将帕累托关于信仰和怀疑主义历史循环的主张扩展为重要的文化变革理论。然而，这项工作和其早期针对社会流动问题的研究，虽然与帕累托的相关理论息息相关，但缺乏与地位上升或下降的阶级成员思想和个性有关的任何证据。在此过程中，一个非常重要的问题，便是寻找合适的调查切入点。至于针对信仰周期的假设，索罗金所做的工作，无论是方法还是结果，远远优于帕累托的所有尝试。索罗金的结论是，随着信仰新时代的出

---

① 皮特林·索罗金（Pitirim Alexandrovich Sorokin, 1889—1968），美国社会学者。

现，西方文明正处于动荡之中。帕累托认为，在十九世纪末，人道主义宗教情绪已然出现上升的势头。相较于调查时间段的细微区别，更为重要的是索罗金的研究中关于精英阶层相关变革的分类。他发现，当信仰的周期出现上升或下降，当社会关系从家庭主义转变为强制性或契约性时，这种现象最为频繁。因此，帕累托的结论，即精英阶层的变化最容易发生在宗教情绪上升时期，经过索罗金的调查而得到了充分的阐述以及一定程度的校正。

18

帕累托的理论提出后，许多与此相关的研究成果纷纷涌现，范围从对商界、军事和政治精英的定量研究，到数量更多的纪实报告，比如吉拉斯①撰写的《新阶级》（*The New Class*）。近年，随着一项重要的方法创新的引入，研究者开始能够对"成就动机"（Achievement Motive）进行测量。麦克莱兰②在撰写《成就的社会》（*The Achieving Society*）的时候，记载了在几个国家针对社会分层进

---

① 米洛万·吉拉斯（Milovan Djilas，1911—1995），前南斯拉夫政治人物。
② 大卫·麦克莱兰（David McClelland，1917—1998），美国行为心理学者、社会心理学者。

行的实证测量数据。最近，阿多诺①及其同事在《权力主义人格》(*The Authoritarian Personality*)② 中描述的其他测量方法，也可被用来测量保守动机。其中，特别关键的课题之一，是保守与成就常量的出现。帕累托故意划定了自己的研究范围，从而无需处理这个难题；仅仅需要注意到这些常量的存在，并通过社会现象追踪这些常量存在所导致的后果即可。在研究具有保守性和成就性个性的成长环境如何产生时，社会心理学者承担着重要的任务。上面提到的最后两本书关于这一点的想法着实有趣。对于成就者变成保守派以及相反的情况，仍然需要进一步探索。

可供推荐的帕累托学说相关研究，例见科瑟③所编著的《社会冲突的功能》 (*The Function of Social Con-flict*)④ 等著作；该书涉及格奥尔格·齐美尔 (Georg Simmel) 提出的社会冲突理论，对之进行解释，并通过

19

---

① 西奥多·阿多诺 (Theodor W. Adorno, 1903—1969)，德国社会学者、哲学者、音乐家以及作曲家，法兰克福学派的成员之一。

② 中译本可参见〔德〕西奥多·阿多诺：《权力主义人格》，李维译，浙江教育出版社 2002 年版。

③ 刘易斯·科瑟 (Lewis Coser, 1913—2003)，美国社会学者，曾担任美国社会学会主席。

④ 汉译本可参见〔美〕刘易斯·科瑟：《社会冲突的功能》，孙立平等译，华夏出版社 1989 年版。

逻辑和现代研究成果来检验，且在必要时予以修改。就帕累托理论而言，还应该加入一些已经由其他学者提出的与精英流动相关的因素。更加完整的理论建构，必须包含几个帕累托并未涉及的因素。例如，马克斯·韦伯提出的"魅力型领袖"（Charismatic Leader）概念，即人们基于对领袖个人的忠诚，受其引领，走上了违反传统律法的道路，这对于理解精英阶层的崛起至关重要。同样，索雷尔的"神话"（Myth）概念，即对未来充满感情的憧憬，也能产生打破既定的秩序，使新精英和新思想占据主导地位的类似效果。

至少在对使用武力的意愿程度上，人们可能还希望强调对现代精英的理性要求。精英阶层的决策，或多或少会对社会的各个角落产生深远的影响。这些决策在多大程度上是理性的，建立在知识的基础之上，对历史进程至关重要。如果确如曼海姆①所假设的那样，相较于传统精英，现代商界和政府的精英阶层在很大程度上更有可能成为决策的中心，那么这一因素对于了解晚近精 20

① 卡尔·曼海姆（Karl Mannheim，1893—1947），德国社会学者，经典社会学和知识社会学的创始人。

英阶层的兴衰就显得尤为重要。现代精英阶层必须掌握大量不同决策所需的智慧和知识，而这些决策往往与维持其精英地位的直接事务关系不大。

上述考虑决定了理性和情感在精英发挥作用的过程中所扮演的具体角色。毫无疑问，正如帕累托断言的那样，人们的行为更多地来自情感而不是理性。反智论者用这个概念来为放弃理性、转投情感提供正当性。他们更中意政治集会的狂热情绪，而非经由某个委员会的调研，再由某个臃肿拖沓但颇具理性的官僚机构实施的改革进程。他们喜欢浪漫的直觉而非冷静的权衡，他们选择形而上学而不是科学实践。帕累托显然不属于他们的阵营；他想寻找的是对非理性行为的理性解释。但同样正确的是，帕累托并不同意启蒙运动的哲学观点，即认为精英生存的关键因素在于其允许理性控制情感的程度。例如，帕累托认为，由知识分子组成的政府，几乎肯定意味着一场灾难。

当问题被表述为理性对阵情感时，最明显的问题，便是无法解决理性在精英循环中的作用问题。为了确保精英的生存，应该最大化的不是理性和情感，而是效率。效率通过理性和情感的微妙平衡方能产生。在此过程中，理性和情感绝非相互对立，而是相辅相成。归根结底，只有那些效率较高的精英——无论是经选举、任命还是毛遂自荐所产生——才能从那些服从他们发布的法令、购买他们生产的商品服务、参加他们举办的神圣仪式、接受他们提供的知识的受众那里获得实质性的支持。正是在创造和分配秩序、财富、知识、美感、神圣和品德时体现出来的整体效率，慢慢地让精英们获得公众眼中的"合法性"，进而确保他们手中的大权与头衔不会旁落。

汉斯·泽特伯格[①]

---

① 汉斯·泽特伯格（Hans L Zetterberg，1927—2014），瑞典社会学者，曾在美国长期执教。

参考文献

Adorno, T. W.: *The Authoritarian Personality*, New York, Harper, 1950.

Bendix, R., and Lipset, S. M.: Class, *Status and Power*, *Glencoe*, Illinois, Free Press, 1953.

Coser, Lewis: *The Functions of Social Conflict*, *Glencoe*, Illinois, Free Press, 1956.

Finer, S. E.: *Vilfredo Pareto*, *Sociological Writings*, London, Pall Mall Press, 1966.

McClelland, David C.: *The Achieving Society*, Princeton, N. J., Van Noshand, 1961.

Mills, Wright C. : *The Power Elite*, New York, Oxford University Press, 1956.

Mosca, Gaetano: *The Ruling Class. With an Introduction by Arthur Livingston*, New York, London, McGraw – Hill, 1939.

Pareto, Vilfredo: *Les Systemes socialistes*, 2 vols. , Paris, 1902; and ed. , 1926.

– – –: *Manuale di economia politica*, Milan, 1906; French rev. ed. (Manuel d'economie politique) Paris, 1909.

Pareto, Vilfredo: *Trattato di sociologia generale*, 3 vols. , Florence, 1916; and ed. , 1923; French ed. , *Traite de sociologie générale*, 2 vols. , Paris, 1917; English ed. , *The Mind and Society*, translated by A. Livingston and A. Bongiorno, 4 vols. , New York and London, 1935; *Treatise on General Sociology*, New York, Dover Press, 1963.

Parsons, Talcott: *The Structure of Social Action: A Study in Social Theory with Special Reference to a Group of Recent European Writers*, Glencoe, Illinois, Free Press, 1949.

Sorokin, Pitirim A. : *Social and Cultural Dynamics*, 4 vols. ,

New York, Bedminster Press, 1962. (Original ed. ,
1937-1941).

Sorokin, Pitirim A. : *Social Mobility*, New York,
Harper, 1927.

精英的兴衰

————

第一章

若干社会法则

本研究，旨在根据事实，相对客观地直面特定社会
学理论。

社会学或政治经济学的研究者，通常会在内心建构
一套想要捍卫的现实秩序。对于这样的习惯，此处不想
横加指责。只是敬告各位读者，本人不会遵循这种模式；
上述表态之所以适当，原因在于对随便哪个人所阐述内
容的解读，往往远超其本意。也就是说，如果某人描述
了特定秩序甲所存在的某些缺陷，就会被想当然地认定
为是在对甲秩序进行全盘否定——并且，通常会被更进
一步地引申为批评者倾向于支持与甲秩序针锋相对的乙
秩序。

例如，如果有人认为普选制有问题，就会被理解为
赞成限制普选；谴责民主制度邪恶的人，会被视为支持
贵族统治；赞扬君主制存在某些优点的人，肯定反对共
和，反之亦然；简言之，一切具体陈述，都会被无限上
纲。这样做并非完全错误；甚至常常一针见血，著书立
说者往往刻意惜字如金，以扩大己方观点的阐释空间。
在文学领域，这种手法值得称道，但在科学维度，却不
太值得提倡。而这就是作者强调本文所涉一切陈述均有

其特定含义，绝不可宽泛解释的原因。

对于本文为什么选择了根据现在的事实，而非局限于过去的历史，在此还要多说几句。后者当然具有很大优点：对之可以冷眼旁观，避免感情用事或者主观偏见。但历史的致命缺点在于，我们的了解往往十分片面，而且，上述优点通常只是一种拟制，并不真实。人们习惯于托古喻今，选择历史折射自己对于当下的各种情绪。举例来说，狂热执迷于"德意志帝国"的德国历史学者，不会容忍任何贬斥恺撒（Caesar）或奥古斯都（Augustus）的邪恶观点。我们当中的民主派，自然也会和阿里斯托芬（Aristophanes）多有分歧。

言归正传，本文将从陈述某些源自事实的社会学法则开始，并将依据事实加以验证。在此过程中，本文将遵循克劳德·伯纳德①推荐的方法，从事实到概念，再从概念回归事实。在诸君看到的这个版本中，只能找到上述方法的后半部分。如果本人力有所逮，能够完成并发表目前正在撰写的社会学文集，那么，篇幅相对更长

———————

① 克劳德·伯纳德（Claude Bernard, 1813—1878），法国生理学者，首先提出盲法试验的人之一。

的前半部分方法，将被纳入其中。让我们暂且接受上述法则，当成或多或少有些道理的假设，进而考察在这些法则的帮助下，能否成功地解释事实。

首先，请注意，人类行为大多并非源自逻辑推理，而是出于主观情感。这一法则，尤其适用于缺乏经济动机的行为。经济行为，尤其是与工商业有关的经济行为，则与此恰恰相反。人的行为，虽然受缺乏逻辑的动机驱使，却喜欢在逻辑上与某些原则联系起来；因此，为了给自己的行为提供正当性，人们在事后发明了这些原则。因此，我们看到，明明是原因乙导致的行为甲，却被有心人士描述为往往是编造出来的原因丙的结果。这种欺骗同胞者，从自我欺骗开始，一口咬定自己的论点不放。

由此可知，每一种社会学现象都存在两种截然不同甚至完全相反的形式：一种是确定真实对象之间关系的客观形式，另一种则是确定心理状态之间关系的主观形式。试想一下，镜面凹凸的哈哈镜，会造成所反射物体的镜像扭曲：在现实中笔直的物体看起来是弯曲的，细小的东西看起来是粗大的，反之亦然。同样，人类的意识也反映客观现象，客观现象通过历史或现代的证据为

28

人所认识。因此，如果想弄清楚客观现象，重要的是不要满足于主观现象，而要根据后者正确地推断出前者。这在实质上是历史批判主义担负的任务，超越了对客观证据材料的单纯批判，进而转向对人类心理的论述和探究。

害怕波斯入侵的雅典人，派使者去德尔斐神庙拜求神谕，神谕中有一谶语，"宙斯赐予'特里托尼亚'（Tritogenia）① 一道牢不可摧的木墙。"雅典人遂修整舰队，随后取得萨拉米斯海战大捷。这便是当时许多人看到的样子，也是希罗多德（Herodotus）流传后世的叙说。不过，显然，客观情况与此大相径庭。在我们所生活的时代，估计没有人会再相信阿波罗、雅典娜或者宙斯的存在；因此，必须为雅典人在萨拉米斯海战中获胜找到其他更真实的原因；事实上，舰队的整备，需要归功于特米斯托克利斯（Themistocles），是他说服雅典人拨付公帑修船造舰。值得注意的是，希罗多德的叙事并未暗示这一真正原因的介入。根据他的说法，时运所济，恰好

---

① "特里托尼亚"是希腊神话中的智慧女神和战争女神雅典娜的姓氏，但对此姓氏的解说多有不同。

当时战舰齐备、军容壮盛，让雅典人践行神谕成为可能。他宣称，当时雅典人的意见分歧，只是集中于对阿波罗所赐神谕真正含义的解读，而这关乎如何对其加以践行的问题：有人认为所谓木墙，是指砌筑石城抵抗外敌入侵；而另一些人坚持认为神谕所指的就是船阵。根据希罗多德的说法，特米斯托克利斯本人所讨论的，也仅仅是对神谕的解释。而这也凸显了真实现象与主观现象之间的巨大反差。

尽管如此，仅仅研究上述两种现象及其相互关系，仍显不足，还存在第三个问题：真实现象如何作用于主观现象，进而加以修正？反之亦然。"达尔文主义"（Darwinism）能为此"提供一个非常粗简的答案"，但不幸的是，这个答案只能算是部分正确。因为根据该学说，真实现象与主观现象之间的这种关系，将通过逐步淘汰无法适应这种关系的个体来实现。

在上述事例中，根本不存在什么淘汰，我们也永远无法弄清楚雅典人对于神谕到底会倾向于何种解读，遑论特米斯托克利斯的论说是否言不由衷。如今，面对类似的情况，人们既不会盲目相信，也不会断然否认。因此，如果能够以今推古、以己度人，我们会倾向于接受真正的原因，即雅典的海上军力潜移默化地影响了特米斯托克利斯；在其作用下，他首先说服了自己，然后说服其他人相信，神谕中的所谓"木墙"指的就是舰队。

我们所选择的这个事例，在某些人看来过于浅显，不足以说明问题。但是，如果能够找到一个与这个远古事例大体相同的现代实证，或许能让这些人立即改弦更张。[1]在法国，很多嘴上喊着"1789年原则永垂不朽"（Immortal Principles of 1789）①、"保卫共和国"等口号，或在其他国家鼓吹"捍卫光荣的君主制"的家伙，其实都跟刻意解读神谕的特米斯托克利斯一样，是在给自己的行为寻找架空的理由，借此遮掩背后真实的动因。正所谓"五十步笑百步"：对别人吹毛求疵，对自己却无限宽容。此言非虚。嘲笑古人迷信者，常常对现代神话趋之若鹜，然而，后者其实并不会比前者更合理、更真实。

现在，请各位将目光转向某些鲜为人知的因素，下文就将结合前面所提到的内容加以研讨。

---

① 所谓"1789年原则"，主要是指1789年8月26日法国《人权和公民权宣言》中所列各项民主原则。

当代，尤其是杰文斯①、克莱门特·朱格拉②和其他先生对于经济危机的细致研究，仅仅是斯宾塞（Herbert Spencer）赋予一般运动规律的节奏法则的特殊应用。在拙著《政治经济学讲义》（*Cours d'économie politique*）中，本人表达了得到最新研究证实的下列观点：危机的形成，不单纯归咎于经济因素，还受人性决定；进一步来说，经济危机只是大众心理节律的众多表现形式之一。换句话说，可以在道德、宗教和政治中观察到一种类似经济周期波动的情绪节奏。[2] 此类波动，并未逃过历史学者的视线，但除了像景气周期这样太过偏离自然进程的理论之外，一般不被视为整体节律运动的具体表现；间或才能在一些极为明显的例证中找到类似的提法。[3]

31

罗马历史的研究者都会注意到一股巨大的势头，即在共和国末期到公元一世纪仍处于无信仰状态的罗马的知识阶层，在帝国末期已经转向有神论。

---

① 威廉姆·斯坦利·杰文斯（William Stanley Jevons，1835—1882），英国著名的经济学者和逻辑学者，提出了价值的边际效用理论。

② 克莱门特·朱格拉（Clement Juglar，1819—1905），法国经济学者，曾根据统计数据，计算出平均九至十一年为一次经济周期。这个周期被命名为"朱格拉周期"。

这一宗教皈依浪潮，作为基督教的源泉，是一场席卷旧世界的浩大运动，其胜利离不开对当代原则和教义的修正及大量吸收。甚至连身为异教徒的作者也开始宣扬基督教的格言和思想，以至于人们甚至通过猜测塞涅卡（Seneca）和使徒保罗（St. Paul）之间的关系[①]，揣摩前者的情感。勒南[②]则已经意识到，基督教只是当时宗教情感的诸多呈现形式之一。[4]

我们习惯于将当时的历史视为基督教与其他宗教或教义之间的斗争。我们认为这些宗教或教义之间存在本质区别。我们想当然地认为如果密特拉教（Mithraism）或其他东方邪教战胜基督教，抑或异教信仰遍地开花，现代史的进程将被彻底改写。

32　　　　所有这些说法都不成立。在甲、乙、丙教派之间，确实发生了激烈的斗争，而这一切都源自单一的原因丁

---

① 这里主要指《保罗与塞涅卡通信》（The Correspondence Between Paul and Seneca）。根据传说，斯多葛学派哲人塞涅卡写了八封信给使徒保罗，而保罗给塞涅卡写了六封信。两人之间的书信副本现在只存在于公元 800 年前后的手稿中，但也有很多人认为这些所谓的书信内容、风格存在很大漏洞，或系伪造。

② 约瑟夫·欧内斯特·勒南（Joseph Ernest Renan, 1823—1892），法国研究中东古代语言文明的专家、哲人、作家，以有关早期基督教及其政治理论的历史著作而闻名。

——也就是说，是由于宗教情感的增长。其中，主要事实恰恰是丁，而事实甲、乙、丙只是次要的。不能说后者一点都不重要，因为形式在改变由实质决定的现象方面具有一定的价值，但如果颠倒主次顺序，显然大错特错。

奥尔比尼①在谈到玻利维亚时曾说："在山谷的入口处以及两侧的高地上，我注意到，沿着这条道路，堆砌着大小不一的石头，上面大多插有木制十字架……后来，我终于弄清楚了，这些石堆就是所谓'阿帕切塔'②。后来，当我在玻利维亚共和国印第安人居住地发现遍布这种石堆时，上述认知得到了证实。这些石丘在西班牙殖民者到来之前就已出现，由负重登山的当地人堆砌而成，他们艰难地爬上陡峭的山坡，感谢'帕查马克'（Pachacmac）这位无形的神、万物的推动者，赋予他们

---

① 德萨利纳·奥尔比尼（Dessalines d'Orbigny，1802—1857），法国自然历史学者，在动物学、病理学、古生物学、地质学、考古学和人类学等许多领域做出了重大的贡献。

② "阿帕切塔"（Apachecta），常见于安第斯山脉中部，原意为"携带某物"或"负担寄存处"。疲倦的旅行者向阿帕切塔献上玉米、古柯、布料，特别是石头，以"减少疲劳，在旅途中获得好运和保护"。

33　到达顶峰的勇气，同时也祈求获取新的力量，以继续前行的道路。他们停下脚步，稍事休息，扯下几根眉毛，任其随风飘散，或者把嘴里咀嚼的古柯叶放在石头堆上——这些古柯对原住民来说堪称最珍贵的东西——贫困的登山者则会捡起手边的一块石头，堆叠在其他石头上，以此来满足自己的心理需求。时至今日，似乎什么都没有改变；只是当地人不再感谢'帕查马克'，而是祈求基督，十字架正是上帝的象征。"[5] "在西西里，"莫里①指出，"圣母玛利亚占有了克瑞斯和维纳斯的所有圣所，甚至还成为一部分异教仪式供奉的对象。"[6] 很明显，某种共同的情感，以各种形式表现出来，与情感本身相比，这些形式是次要的。"（圣母玛利亚）这一源泉"，莫里补充道，"继续以圣人的名义，接收其在为神时所接纳的献祭。"[7] 在这种情况下，主要的事实究竟为何？促使人们为上述源泉赎罪的情感本身，或者祈求各方神圣这种情感的表现形式？答案毋庸置疑。相信某些神祇的介入

---

① 路易斯·费迪南德·阿尔弗雷德·莫里（Louis Ferdinand Alfred Maury，1817—1892），法国学者和医生，他对梦的解释和外部刺激对梦的影响的观点早于西格蒙德·弗洛伊德，创造了催眠性幻觉这个词。

可以治愈眼疾才是主要事实，至于为了这个目的是向阿斯克勒庇俄斯（Aesculapius）还是圣徒露西亚（Santa Lucia）祈祷，反倒是次要的。因此，召唤的是基督教恶魔而非异教的赫卡忒（Hecate）并不重要，重要的事实是相信这种召唤能够产生效果。认为一种信仰起源于另一种信仰并不十分确切；更接近于事实的是，所有信仰都具有一个共同的起源，人类认为自己有能力迫使神秘的力量为己所用。

可见，压倒乙、丙教派的甲教派所取得的，往往是形式上而非实质意义的胜利。在琉善①和先知亚历山大②的崇拜者的观念之间，当然存在实质性的问题；如果琉善的观念占据上风，欧洲史势必将与我们所知道的过往全然不同。但是在亚历山大的信徒和其他先知崇拜者的观念之间存在的——如果不完全是形式的——基本上也是形式的问题。这些观念中任何一种取得胜利，都不会改变历史的进程；特别是获胜的观念，甚至需要在其赖

---

① 琉善（Lucian，约120—180），生于叙利亚的萨莫萨塔，罗马帝国时代的以希腊语创作的讽刺作家，以游历月球的奇幻短篇《信史》（周作人译作《真实的故事》）及一系列对话集闻名。

② 阿博诺蒂库斯的亚历山大（Alexander of Aboboteichus，105—170），希腊的神秘主义者和神谕学者。

以存在的形式方面向落败的观念让步。

在此，显然不适合研究这些巨大的情感潮流是如何产生和发展，或者是否像唯物主义对历史的解释那样，仅仅是基于经济条件；或者还存在其他无法追踪的因素。想一劳永逸解决所有的问题，本质上就是不科学的方法；我们应该对其逐一探索。因此，姑且假设上述潮流的存在；待时机和条件成熟后，再加以进一步的研究。

35　　通常在不知不觉中被这些潮流冲昏头脑的人，如我们所见，希望把非自愿的行为表现为自愿，而把缺乏逻辑的行为表现为符合逻辑。他们用这些拟制的奇怪理由自欺欺人，或者向其他人掩盖自己行为的真正动机。甲、乙、丙等不同教派之间的形式之争……经常在漫无边际的对话中消弭殆尽。例如，试图研究拜占庭时期基督教教派争端的学者，最后很可能会发现自己像是被关进了精神病者的牢笼；一般来说，即使在这些形式问题中出现了若干实质问题，我们很清楚地记得孟德斯鸠对神学的评价，"由于它们所研究的内容，同时也由于研究的方式，这些书加倍地令人难懂。"①⁸当阅读某些法国民族主义者的论述时，人们开始怀疑这些人是否神智正常，但隐藏在这些看似愚蠢事实上也确实愚不可及的辞藻后面的，是一个非常严重的实质问题；毕竟，在今天的法国，若想抵制社会主义，民族主义是唯一的选择。

即使争议是合理的，个中理由也很少提及实质问题。在法国 1789 年大革命前夕，人们谈论的尽是"人道""情感""博爱"，实际上，正在摩拳擦掌，准备屠杀劫掠雅各宾派（Jacobins）。今天，漂亮的把戏又将重新上演，资产阶级煞有介事地鼓吹"团结"，其实是在准备制造最终会吞噬团结的灾难。

除了短暂的历史片段外，人民总是受精英统治。这里使用的是"精英"（Elite）一词的词源本意，意为最为强大、最具活力，最有能耐且无关善恶的集群。然而，鉴于存在一条重要的生理规律，既有精英阶层无法持久稳定。因此，人类的历史，就是精英不断更迭的历史：

---

① 此处译文参考了〔法〕孟德斯鸠：《波斯人信札》，罗大冈译，人民文学出版社 2015 年版。

你来我往，此消彼长。

试图取代传统精英，或仅仅是为了巩固其权力和荣誉的新兴精英，并不会坦然公开地承认这种意图。相反，新兴精英要担当一切受压迫者的领导者，宣称不追求自身私利，而是追求众人的共同利益；之所以进行斗争，不是为了某个受到剥削的阶级的权利，而是为了几乎所有公民的权利。当然，一旦获胜，新兴精英就会出手镇压昔日盟友，或者，充其量，对他们做出一些形式上的让步。这就是罗马平民和贵族斗争的历史；这就是当代社会主义者口中津津乐道的资产阶级战胜封建贵族的历史。

潘塔莱奥尼①教授在最近的论述[9]中否认社会主义终将获胜；但我本人坚持认为，社会主义最有可能，也几乎不可避免取得成功。[10]这两种观点看似矛盾，但实则不然，因为我们所讨论的是不同的问题：潘塔莱奥尼关注的是主观现象，而我关注的是客观现象。从根本上来讲，我们两人算得上殊途同归。

---

① 马菲奥·潘塔莱奥尼（Maffeo Pantaleoni，1857—1924），意大利经济学者，新古典主义经济学的创始人之一。

让我们假设，当第一批基督教团体在犹地亚①出现时，有人曾如是说："这些家伙永远不会成为世界的主人。说什么人与人之间的财富、文化、社会地位的所有差异都可以消除，简直就是无稽之谈。以为所有的男人都会真正成为兄弟，放弃一切感官享乐，从女人身体上只看到了闪耀着的永恒的生命光辉，根本就是痴人说梦。想都不用想，千百年以后，仍然会有富人和穷人、国王和臣民，权贵和贱民；大可以放心，人只要活着，就要弱肉强食、尔虞我诈、兄弟阋墙。"此人所言不假。当然，最早一批基督信徒所宣扬的基督的统治，仍未到来。但如果非要断言基督教获胜——事实也证明了这一点——也没有错。在这里，基督教的胜利一词，指代的是完全不同的事情。

对于一个更为我们所熟悉的年代，因为时空条件邻近，似乎可以做出更为恰当的比较。设想一下，在 1789 年法国大革命爆发之初，有人大放厥词："这些希望国家

---

① "犹地亚"（Judea），是古代以色列的南部山区地带从圣经记载、到罗马帝国时期、直至现今的通称，自 1948 年成为约旦王国之"西岸"，位于巴勒斯坦地区中部，主要城市有北部的耶路撒冷和南部的希伯伦。

改革的好人无疑是在发癔症。哪有人会相信什么社会契约？群众的意志怎么会出错？这就是为什么在特定时空条件下，无论多么严重的错误，无论多么疯狂的迷信，都会得到如果不是全体国民，也往往是几乎所有国民支持的原因。人性本善，只不过在后天因为受到祭司和国王的荼毒才走向堕落。毫无疑问，这种寓言连孩子都不会买账。如果这一完美的原则是你们建构新政府的支柱，恐怕将要等到海枯石烂才能付诸实践。说什么理性的统治即将发足。你们这群可怜的心理学者！在可以预见的未来，大多数人的行为仍将继续由情感左右。在理性的统治下，善良、能干、诚实、贤惠、'敏感'的人民，将温和而非激进地改变现状。[11] 相信这一点的人，恐怕会笃信放下屠刀、立地成佛这种诳语。你们的全部论点，都建立在错误的前提之上；外表光鲜亮丽的女士，在夸夸其谈'自然人'的美德时完全不知所云，实在愚不可及。可以肯定，下个世纪仍将见证与我们这代人非常相似的群氓，而你们这些哲人提出的所谓新时代，不会到来。"

有人会说："好吧，这一切都是真的。现在不会，将来也不会出现稳定的民治。你说得对，哲学者所歌颂的和平与美德的田园诗几乎就是真实的谎言。但透过这些辞藻观察其背后所隐藏的实质，便会赫然发现寡头政治正在崛起，摩拳擦掌准备击败并取代掌权者。新兴寡头朝气蓬勃、力量强大，最终一定获胜。如果传统精英实力尚存，但宽容明智，则可能不动干戈地让渡权力。铭记这句话：汝欲和平、必先备战（si vis pacem, para bellum）：一方面需要证明时刻准备着勇敢地投入战斗；另一方面，及时关注普通人中脱颖而出者，将其纳入己方队伍，准备结成新的精英阶层。[12] 但这种转变，将让传统精英付出流泪乃至流血的惨痛代价：一方面，传统精英盲目愚蠢地宣扬人道主义，主动放弃武装，自缚手脚；另一方面，传统精英排除异己，迫使新兴精英不得不奋起一击。"

事实证明，两种观点都是正确的，完全没有矛盾。

托克维尔（Tocqueville）曾言："法国大革命是以宗教革命的方式、带着宗教革命的外表进行的一场政治革命"。[①] 人们可以省略这一命题中依然存疑的部分，明确

---

① 汉译参考了〔法〕托克维尔：《旧制度与大革命》，冯棠译，商务印书馆1992年版。

肯定法国大革命是一场宗教革命，由上层阶级发起，但最终引火烧身，被迫将权力转移给新兴精英阶层，即资产阶级。

法国大革命，被称为由伏尔泰（Voltaire）和"百科全书派"（Encyclopedists）催生的产物。而这种观点，仅仅在人道主义怀疑论削弱了上层阶级这一很小的范围内（而且是在某种意义上）是成立的。伏尔泰和百科全书派对下层阶级的影响几乎为零，这场革命主要是下层阶级（广义上）的宗教情绪针对上层阶级怀疑主义做出的反应。同样的事情，在宗教改革时期也曾出现。当时神权统治的上层阶级也变得怀疑，而教皇更为关心的是尘世而非天国的利益。宗教改革发端自基督教宗教感情更为活跃的北欧庶民，绝非偶然。反观生活精致、怀疑论盛行的意大利，改宗者可谓难得一见。当时的宗教反抗以基督教形式体现；在1789年的法国，宗教反抗则采取了社会的、爱国的、革命的形式，尤其是披上了反基督教的外衣。上面提到的两个事例中所涉及的情感，质同形异。

通过法国大革命产生的新兴精英阶层（即资产阶

级）的统治，只维持了很短一段时间；至少在法国，在革命爆发后不到一个世纪，这种统治就出现了严重衰落的迹象。另一方面，在美国、德国和其他国家，资产阶级的统治确实仍然保持着强劲的活力。

从客观的角度来看，上述现象存在三大事实特征：一是宗教情绪日益高涨，表明我们正处于危机的上升期；二是传统精英的衰落；三是新兴精英的崛起。

从主观的角度来看，我们发现：第一大特征与人类意识中的反映，没有太大差别；另一方面，其他两类事实，则呈现出与实际样态截然不同的形式。传统精英的衰落似乎伴随着人道主义和利他主义情绪的抬头；新兴精英则似乎是为了弱小者对抗强权而崛起的。

第二章

宗教危机恶化

即使仅凭最为浅显的研究，也会发现在过去几年当 中，文明国家内部的宗教情绪有所上升，而且还在激化。这不仅让已经存在的所有宗教形式（即基督教各大教派）从中受益，更为重要的是，为在社会主义思潮中表现出来的全新宗教秩序注入活力。许多杰出人物，无论是社会主义者还是其反对者，都清楚地认识到，社会主义堪比宗教；历史研究者必须认识到，社会主义作为有史以来最为宏大的宗教式现象之一，能够与之比肩的，只有佛教、基督教、伊斯兰教、新教改革和法国大革命。

此外，爱国主义也已经上升到了全新的宗教高度，有权威评论甚至开始大谈特谈所谓"日耳曼人自己的上帝"（the German God），类似的情况在英国表现为帝国主义，在法国表现为民族主义，在美利坚合众国表现为 "极端沙文主义"，诸如此类。

除了这些在旧宗教复兴和新宗教崛起过程中的宏大现象外，其他不那么重要的现象，也揭示了宗教情绪已然侵入人类活动的方方面面；从现在起，这些以宗教形式出现的现象，似乎呈现出某种不受控制的倾向。[13]

让我们以认为饮酒有害身体的那群诚实的家伙为例，

对此加以说明。这些人的主张，并未局限于建议采取适当的卫生措施，而是大幅升华到了宗教的层面。[14] 禁酒运动催生出苦行者、布道者、殉道者，只要能阻止他人喝哪怕一杯酒，赴汤蹈火在所不惜；一旦有所成效，他们就会说自己"拯救了一个人"，[15] 就像基督教布道者所说的那样，"拯救了一个灵魂"。[16] 有一些反酗酒教派［比如"禁酒会"（Good Templars）］可以与"道明会"、"方济会"或类似教派相提并论——信徒需要经历入会仪式，进行各种宗教活动，保持神秘的联系，在聆听神秘演说时欣喜若狂。此外，现在也有不少卫生学者热衷于捍卫自己的学说，以至于在那些还没有完全失去理智的人看来，他们的表现几近疯癫。他们甚至仅仅是为了保持被杀者的健康而不惜痛下杀手。如此看来，他们甚至都不如"宗教裁判所"理智，后者将人活活烧死的目的好歹还是为了拯救他们的灵魂。

其他人则不辞辛劳地寻找有悖道德的文学作品，他们也僭越了诚实审查的条件限制。当然，在他们当中，的确存在一些非常受人尊敬、值得称道的人士。奇怪的是，他们当中的另外一些人，一门心思琢磨此事，根本无暇他顾。他们用最下流污秽的言语，谈论最纯洁无瑕的道德。在某个镇上，这些人要求十多岁的学生签署一份呼吁关闭卖淫场所的请愿书。然而，请愿书的内容却淫秽不堪。如有机会与其中某些言辞高调者交谈，人们就会发现，这些人嘴上所言尽是些苟且之事，同时红光满面、两眼放电——总之，表现出渴望与女性媾和的万般迹象，并对任何享受情爱之乐的男性表现出无以复加的强烈仇恨。

但是，除了一般的宗教情感之外，还存在另一个原因。如果我没有弄错的话，那便是：有人已经注意到，情色欲念有时会伪装成宗教情感，多见于宗教信仰近似癫狂的女性。碰巧还有一拨人，如果生活在其他时代，例如十三世纪末，就会毫不掩饰地屈服于支配他们的情欲。但今时今日，时过境迁，他们会对肉欲感到懊悔，并尽可能地控制自己，且会利用言语满足难以自制的欲望。总而言之，这些人乐于寻找以道德之名行苟且之实的机会。如此一来，既可以安慰自己的良心，又能够获得某种替代性的快感。有朋友认识一位家财万贯的美丽女士，年轻时风流放荡，年长后风韵犹存，引人垂涎，但突然皈依宗教且虔诚异常。这位女士秉持令人钦佩的热情以及巨大的牺牲精神，全部心力奉献给了一间妓女感化机构。我的朋友相信她的所作所为发自真心，但在他看来，这种令人难以置信的宗教奉献热情，源自这位女士对自身过去的反思，以及依旧存在的对于快感的渴求——这样做，不仅不会内心愧疚，甚至还让她感觉是在行善。至于自命不凡的卫道士对未坚持禁欲主义的人所表现出的刻骨仇恨，不仅来自铲除异端分子的宗教情感或门户之见，还源于无缘享乐者对追求快乐者，或不举阉人对阳刚男子那种自然而然的本能妒忌。

素食主义者也是一个相当可笑的"教派"。他们经计算认为，单位面积土地种植谷物和大米的产量，远超蓄养牲畜所产肉量，因此他们希望禁食肉类，以获得更多的食料。现在，某个神秘的社会团体名声大噪。他们根据某些心理学实验，撰写论文，断言人类饮食摄入过量，进而主张严格节食。这些可敬的先生们认为，此举将解决"社会问题"，为更多的人带来食物；更重要的是，可以促进人类繁衍子嗣。对这些可怜的狂热分子来说，没有什么比男人和女人住在一起却无法传宗接代更让人恼火的了。马尔萨斯（Malthus）① 就是他们眼中的撒旦。他们会烧死所有希腊和拉丁诗人，理由是这些家伙不守节操。他们的理想是所有人都是禁欲主义者，不吃肉，不喝酒，不好色（传丁留后除外），唯一的快乐也许就是齐唱赞美诗。[17]

禁欲主义者之于社会主义者，与孟他努教（Montanists）之于东正教如出一辙。后者确实必须与那些愚蠢地夸大其教义的家伙划清界限；问题在于这类现象此起彼伏，层出不穷，甚至可以一路追溯到中世纪鞭笞自己赎罪的所谓"苦行者"②，或者主张预定论的"杨森派"③。[18]

生活在意大利的人们，很少远赴国外，因此无缘得见除大多数神智正常者之外的一小撮狂热分子，从而无

① 托马斯·罗伯特·马尔萨斯（Thomas Robert Malthus，1766—1834），英国教士、人口学者、政治经济学者，以其人口理论闻名于世。

② "苦行者"（Flagellants），最早出现于 14 世纪，是指用各种各样的赎罪工具鞭打自己来惩罚肉体的修行方式，许多天主教苦行者在自己的住所和公众游行中鞭打自己，以便忏悔罪恶和分享对耶稣的热爱。

③ "杨森派"（Jansenist），17 世纪罗马天主教的一股思潮，由荷兰乌得勒支神学者康涅留斯·杨森（Cornelius Jansenius）创立，其理论强调原罪、人类的全然败坏、恩典的必要和预定论。

法对当代苦行者的信条产生清晰的认识。他们会认为某些遮遮掩掩而远非事实全部的报道是在夸大其词。[19] 自罗马时代以来，意大利这个国家的宗教感情便始终淡漠。但谁又知道，说不定哪天，这里还会催生出另一场跟被新教改革叫停的文艺复兴类似的文艺复兴。

唯灵论（Spiritualism）、神秘论（Occultism）和其他类似的超自然主义追随者不少，信众人数随着宗教意识的普及，将会得到进一步的增长。例如，对于某位歇斯底里的可怜女人用所谓火星文所写的一些疯言疯语，居然有些人会信以为真，绞尽脑汁加以揣摩。在围绕这个有趣话题组织的集会上，挤满了热衷于神秘主义的熟妇少女。据称，在巴黎，天使长加百列（Gabriel）借一位年轻少女之口侃侃而谈；各种各样的江湖骗子通过五花八门的神秘疗法治病救人，如果不是琉善揭穿了他们的"丰功伟绩"，甚至可能有人会跳出来补上先知亚历山大的空缺。

由于身处危机愈演愈烈的特定时期，这种幻想的受众有限，影响不大；一旦宗教危机不断升级，这些人的活动就有可能扩大，并最终促成一场普遍运动。

在文学、艺术和科学中，神秘主义、象征主义（Symbolism）和其他虚无主义正在大行其道。尽管仍然可以选择吟唱任一形式宗教的赞美诗[20]，但却不能不去吟唱那赞美诗；没有宗教加持，公众就不会买账，自然也不会有人愿意出版发行。

这群新神秘主义者确信自己是在据理力争，但实际上毫无逻辑可言，常常只是重复古代神秘主义者的长篇大论。例如，为了证明人类移民火星的真实性，他们会一脸严肃地告诉我们，"科学不能解释一切。"此言非虚，但是从逻辑上来讲，不能说张三（Tizio）因为无法解释某个现象，就必须接受李四（Caio）的解释。如果张三不知道惊雷为何物，从逻辑上来讲也不应被迫同意李四认为朱庇特（Jupiter）生雷的观点。另一些人则更为精明，但依然是在老调重弹；他们认为，在实质上："如果的确对人有用，则某事必然为真。"好几个世纪之前就已为人所知的真理，现在被重新祭出——人受感性而非理性的导引。由此可以推断，宗教情感在维持社会秩序方面起着相当大的作用，但仅从这一命题，并不能准确地推断，如要实现社会效用的最大化，宗教所占比重到底要多大；我们更不能推断出是形式甲而不是形式乙或丙对人更有用。如果某种推理的本质是说"人在很大程度上受情感引导，因此必须虔诚信教，进而必须信奉甲宗教"，显然缺乏逻辑。禁酒派人士给小动物皮下注射酒精，致其在抽搐中死去，他们由此推断出一个合乎逻辑的推论，即人不能喝酒。禁酒者还对人进行了实验。他们观察到，喝酒的人，在短时间内，大脑接受信号传递的速度会变慢，由此推断酒精对神经系统有毒害作用，人们必须戒酒。如果上述推理合乎逻辑，那么下面的推理也应合乎逻辑才对："人一旦吃了东西，当消化过程仍在继续时，大脑活动将减弱，智力活动放缓。因此，食物对神经系统有毒副作用，必须戒除食物，直至饿死。"有人坦言，如果说饮酒会在几年内造成物种毁灭，那么饮水者要做的就是等待时机；简而言之，通过自然选择，他们必然会在这个世界上变得形单影只；从诺亚时代直到今天，这种情况居然还没有发生，也算得上是奇迹了。

据说，以"团结"的名义，甲必须给乙钱，因为甲必须以为乙提供福祉为乐；但出于同样的原因，乙应该以团结的名义，拒绝剥夺会给甲造成严重损害和不满的财产。如此看来，社会作为有机整体，乙遭受损害，意味着整体受害，因此对甲也有影响。由此可以推断，甲必须以某种方式帮助乙。这一论证结果不合逻辑。首先，甲可以消灭乙，这就好比发现坏疽后可以断肢一样。其次，如果由于对乙的援助，导致无法适应环境的堕落个体迅速增加，那么甲对乙的帮助，不仅对甲自己，而且对整个社会都会有害。

试图证明上述论点是错误的努力，显然是徒劳的，因为诉诸这些论点的人，就不是要在事前说服自己，而是在事后为自己的行为寻找托辞。即使能够清楚无误地证明相关论证不太可能成立，也无法迫使这些人对之予以承认并改弦易辙。他们将用类似甚至更加错误的观点，取代以前的论点。除了极个别情况外，这些人发自不同源头的内心确信，根本不会出现任何动摇。

即使是实证科学，也无法摆脱宗教情感的影响。著名的天文学者费伊①在讨论太阳系的起源时，认为应该作如下补足："如果要反思原始时代，就不能不参考《创

---

① 赫夫·奥古斯特·蒂安·奥尔班斯·费伊（Hervé Auguste Étienne Albans Faye，1814—1902），法国天文学者。

世记》的开篇部分。据此可以证明，人类并不是从鸿蒙

之初，便笃信蠢不可及的拜物教、华而不实的多神教、腐朽堕落的占星术。"[21] 谁知道这位作者是否真正相信《创世记》开篇所描述的人的原始状态？费伊从来没有听习过任何针对古代民族的历史研究，更不曾研讨史前人类的相关课题。他在书的结尾表示，生命将走向终结，"但我们希望，我们相信，促使人类更加接近神圣原则的智力成果不会终结。智力成果的存在，不需要光或热，也不需要一个新的地球；知识汇聚成河，永远不会干涸。"现在还不清楚作者到底想要表达什么，也不清楚当所有的生命都告消亡时，"智力成果"将如何生存。与这些无稽之谈相比，"转世轮回"（Metempsy Chosis）堪称科学精确的典范。幸运的是，在谈及地球生命消失时幸存下来的"智力成果"时，费伊没有提出"团结"。希望这个概念会出现在其他关于天文学的论述中。拉普拉斯①的话语与费伊明显不同，圣贤之言随着时代的变迁而变化。

---

① 皮埃尔－西蒙·拉普拉斯（Pierre－Simon Laplace，1749—1827），法国分析学者、概率论学者和物理学者，法兰西学院院士，曾任拿破仑的老师。

即便哥白尼（Copernicus）和伽利略（Galileo）的理论，也至少处于间接的危险之中。能力超群的数学者曼森（Mansion）于 1891 年 4 月 4 日向"国际天主教科学大会"（International Scientific Congress of Catholics）提交的一份报告中，煞费苦心地证明托勒密体系①跟现代的体系同样优秀，或几乎同样优秀。"选择地心系统的另一个更深层次的原因是：古人明确区分了研究天体现象的天文学，与研究恒星运动成因的其他学说……因此，采取何种天文学假设对他们来说都无所谓，采用比其他观点更符合直觉、更容易直接适用的地心说，并不存在什么问题。"如此一来，或许可以让我们大胆假设，古人如果愿意，本可以遵循牛顿定律，但因为"更符合直觉、更容易直接适用"，所以选择了托勒密的理论。

52

对天文学知之甚少的作家布鲁内蒂埃②亦宣称："让我们和你口中的伽利略清静片刻吧。"然而，曼森这位精明能干的科学者却诡辩说："在审判伽利略前后的十六世

---

① "托勒密体系"（Ptolemaic system）是指公元 2 世纪托勒密在其巨著《天文学大成》中总结前人成就而提出的地心体系宇宙图景。

② 费迪南德·布鲁内蒂埃（Ferdinand Brunetière，1849—1906），法国作家和评论家。

纪和十七世纪，针对天文现象的哲学解释与天体运动的研究之间存在区别，在学界可谓尽人皆知；当时，由于这一区别的存在，人们完全理解伽利略是以哲学的名义受到谴责的，而这丝毫没有妨碍天文研究。"[22] 可怜的伽利略，即便能够往生，也很可能会被这帮新天主教徒马上投入监狱！曼森先生所谓谴责并监禁伽利略的事实"丝毫没有妨碍天文研究"，当真是荒谬至极。

抛开现象看本质，日益增长的宗教情绪似乎更有可能使社会主义受益，因为社会主义可以被视为一种全新而非传统的宗教形式。这种事情至少在宗教大危机期间可谓司空见惯。至于这种优势后来是否会像基督教征服异教那样推翻传统信仰，或者是否如佛教和新教改革那样允许传统信仰继续存在，目前还不清楚。在本人看来，第二种假设更具可能性，但前提是社会主义必须转型，并大量参考、借鉴与其竞争的其他宗教形式。

已经有人注意到，现在的社会主义运动与兴起时期的基督教之间存在相似之处。社会主义与新教改革的共同点，虽然鲜为人知，但也同样成立。还应该指出的是，不能止步于上述现象的类比，因为只要发生重大的宗教危机，就会出现这样的类比。我们很快就会发现，这种类比不仅仅局限于纯粹的宗教现象。

值得注意的是，即使在某些细节上，也能观察到密切的对应关系。众所周知，最早一批基督徒相信，基督统治地球的时代即将来临。几年前，社会主义者还认为他们的学说即将取得胜利。在此问题上，连恩格斯都抱持一些此后被事实所否定的期望；目前，社会主义取得胜利的信念再度高涨，只不过将最终实现的时间定在了更遥远的未来。这与在笃信千禧年（Millenarian）的基督徒中类似的预期也在上升何其相似。拉坦齐奥①有言[23]：
"当人间成为炼狱，当百姓无力反抗暴君，当暴君利用盗贼统治世界，必然需要上帝伸出援助之手。"

社会主义者则一直坚称：财富越来越集中于少数人手中，社会经济危机越来越频繁，强度越来越大时，必然需要通过集体主义拯救世界。

拉坦齐奥预言，[24] 上帝出手相助后，"土壤必将变得肥沃，生产出丰饶的果实。甜蜜必从山石中涌出。琼浆必如

---

① 拉坦齐奥·拉坦齐（Lattanzio Lattanzi，？—1587），罗马天主教的高级教士，曾担任皮斯托亚主教。

波涛般流动。乳奶必然充盈江河。世界终将成为乐园，所有的人都将摆脱邪恶、不敬、恶行和错误，获得幸福。"在集体主义的统治下，同样的幸福也在等待着世人。对此着墨者颇多，但只要提到德·亚米契斯①就已足够。

有些基督徒对在可以预见的未来基督将统治世界感到心灰意冷。一些聪明的基督徒意识到，为了战胜敌人，必须更加务实、更加宽容。因此，在将原教旨作为理想目标加以坚持的同时，在实践中，他们践行的却是普通人的生活方式与一般观念。社会主义者在其最低纲领中也采取了类似的行动方式，对此，伯恩斯坦②公开表示赞成。在荷兰，顽固的革命社会主义正在消失，让路给国家社会主义。其他国家的社会主义运动也已经开始朝着这个方向前进，从而吸引了大批党外人士参与进来。在法国，社会主义者已经开始参政，米勒兰③进入瓦尔

---

① 爱德蒙多·德·亚米契斯（Edmondo De Amicis，1846—1908），意大利小说家，最受欢迎的作品是儿童小说《爱的教育》。

② 爱德华·伯恩斯坦（Eduard Bernstein，1850—1932），德国社会民主主义理论家及政治人物，德国社会民主党成员。

③ 亚历山大·米勒兰（Alexandre Millerand，1859—1943），法国律师和政治人物，1920 年出任法国总理，后来以温和派联盟领袖的资格当选共和国总统，并试图通过修改宪法加强总统的权力，后迫于左翼联盟的压力而辞职。

德克—卢梭①领导的内阁；在英国，绝大多数的"费边主义者"（Fabians）都选择支持帝国主义；在德国，有许多社会主义者乐于与帝制媾和；曾任教区牧师的瑙曼②在著作《民主与帝制》（*Demokratie und Kaisertum*）中公开宣扬皇帝才应该是社会主义者的领袖。实际上，这位奉行集体主义的基督徒宣扬的是军国主义，鼓吹发动战争，消灭德国的敌人，以及那些虽然不是敌人，但拒绝被德国奴役的家伙。[25] 从耶稣在加利利布道，宣扬爱与和平，到好战的教士在僧袍外罩上铠甲，以神主的名义远征杀戮，足足过去了好几个世纪。但是，从德国人卡尔·马克思发出"无产阶级团结起来"这一令人心潮澎湃的号召，到德国的某些社会主义者用"无产阶级互相残杀"取而代之，仅仅过去了区区几年。

稍后，我们将从这些事实中得出进一步的结论。现在，足以断定，与经济危机的周期类似，促使宗教危机

56

---

① 皮埃尔·马里·勒内·厄尔内·瓦尔德克-卢梭（Pierre Marie René Ernest Waldeck-Rousseau, 1846—1904），法国政治人物，担任总理期间曾处理"德雷福斯事件"，并促成法国工会的合法化。

② 弗里德里希·瑙曼（Friedrich Naumann, 1860—1919），德国政治人物，1907 年起担任德国国会主席，1918 年创建德国进步党。

下降的各种因素，已经在目前宗教危机不断恶化的过程中显现出来。瑙曼和他的同伙既不信仰宗教，也不是什么基督徒，更不是新思潮信奉者：这群狡诈之徒，迫不及待要从同胞的信仰中获利，这就好比教皇搜刮信众的脂膏大兴土木，为自己建造圣彼得大教堂，或更为恶劣地将钱提供给异教徒大肆挥霍。在这些秉持政治实用主义的新思潮信奉者获胜之后，一些依旧坚持传统信仰的人会重复但丁的诗句："啊，君士坦丁，你生了多少邪恶"，接着还可能补充道：

> 恳请告知，我们的主
> 在将象征权力的钥匙交给圣彼得之前，
> 从他那里索取了多少财富？
> 但可以肯定，主所要求的，
> 仅仅是"跟我来"。

这简直相当于是在询问，马克思要从李卜克内西或贝贝尔处索取多少财富，才能确保这两位成为自己的信徒？

另一个在宗教危机下降期肯定会表现出来的迹象，便是伪善。在意大利等社会主义者受到迫害的国家，这种伪善如今完全不存在于社会主义信仰中，但在法国等社会主义者参与政府的国家，伪善的迹象业已抬头。许多卑劣的政客为了当选公职，摇身一变成为社会主义者；许多文化人加入进来，目的却是为了卖书；许多剧作家加入进来，目的只是为了争取观众；许多教授加入进来，目的在于谋得某些教职。好在上述邪恶还没有蔓延成灾。在意大利和德国这样的国家[26]，信仰社会主义可能意味着牺牲，足以让伪君子避之不及。一旦有机会获得荣誉、权力和财富，这些家伙就会变得趋之若鹜、蜂拥而至。

在那些被称为宗教情绪的次要表现的领域，从不缺少双面之徒。在一个不必提及名称的城市，将婚外性行为贬斥为最为恶质之原罪的"道德提高协会"的主席，不得不远走他乡，因为有妓女出面迫使这位主席承认自己正是她儿子的生父。在一次反对淫秽读物的大会上，这位主席曾道貌岸然地告诫协会成员，审阅眼前的淫秽印刷品时应当心无旁骛，仅应激起内心的无限愤慨，而不应留作私用。在巴黎，有些学生，甚至年轻博士，表面假装滴酒不沾，以博得坚持禁酒的教授欢心，但私下里，他们不仅传杯递盏，而且无烈酒不欢。一个匿名的作者，似乎并未受到日益膨胀的宗教情绪左右，在一本希腊文集中留下了一句关于艾琳（Irene）的警句——这里语意双关，艾琳原为和平女神，但同时也是常用的女性名称——警句写着："主教踱步进来，宣称赐予所有人以'和平'，但如果她由主教大人独享，又怎能属于众人呢？"[27]罪恶的种子，很快便会生根发芽，进而遍地开花。同理，不消多久，为薄伽丘（Giovanni Boccaccio）所嘲讽的修士，就会后继有人。

在任何一个时代，人类思想都会以其社会中使用的形式表现出来。因此，在几个世纪以前，几乎所有话语都披上了基督教的外衣。马基亚维利在《曼陀罗》（*Mandragola*）① 中调侃了上述做法。他借修士提莫窦（Timoteo）之口，引用神学者和基督教教义，以说服卢克蕾齐亚（Lucrezia）屈从行奸。如果换到今天，提莫窦修士或许会搬出"团结"和"人道主义"作为说辞。[28]

---

① 汉译本可参见〔意〕马基雅维利：《曼陀罗》，徐卫翔译，上海人民出版社2003年版。

当前危机与过去其他危机的另一个相似之处，在于教派林立。原始基督教通过教皇制度保持统一，维系正统。到现在为止，代表大会，也就是社会主义者的全体大会，尚且能够保持一定的团结；而在德国，李卜克内西和贝贝尔即使没有彻底击败，至少也在很大程度上平息了异端邪说，但这个问题在未来仍有待解决，值得我们拭目以待。

第三章

旧精英的衰落

目前依旧占据统治地位的精英，主要是资产阶级，以及一小撮其他精英阶层的残余势力。

一旦某个精英阶层开始衰落，往往同时表现出下列两种迹象：

（一）衰落的精英阶层变得更温和、更人道、更加不愿捍卫自己的权力。

（二）另一方面，他们并没有丧失对他人权益的掠夺和贪婪，而是倾向于尽可能营私舞弊，挖空心思侵吞国家财产。

因此，一方面，苛赋越来越重；另一方面，维持的力量越来越弱。以上这两种情况，导致了精英阶层面临灭亡的灾难，但是如果缺乏其中任一条件，精英阶层会依旧欣欣向荣。因此，如果自身的力量不减反增，精英阶层所攫取的利益也可能随之增加；如果攫取的利益减少，精英阶层依然可以动用较少的力量维持统治权，当然，这种情况并不常见。因此，封建贵族崛起之时，由于实力增强，自然可以大肆掠夺；同理，罗马和英国的精英阶层可以在必要的时候低头示弱，同时维持自己的权力。另一方面，法国贵族专制政体尽管力量式微，依旧急于维护自身特权，甚至变本加厉，最终引发了十八世纪末的暴力革命。简言之，特定社会阶层所拥有的权力与对其加以捍卫的力量之间必须存在某种平衡。缺乏这种力量的统治，根本无以为继。

精英最终往往会变得暮气沉沉，保守有余，进取不足。在罗马帝国时代，令人惊讶的是，只要能够取悦恺撒，精英们宁可自杀，或者任由他人杀戮，都不会做出任何抵抗。只要恺撒高兴，他就不做任何辩解。令人同样感到震惊的是，法国的贵族宁可死在断头台上，也不会拿起武器战斗到底。[29]

罗马人惊见于传统精英的活力在西拉诺①身上重新迸发。他严词拒绝了试图说服其割脉自戕的百夫长，表示自己已经准备赴死，但绝对不会任人宰割。虽然赤手空拳，但西拉诺并未坐以待毙，反而放手一搏，直至最后像战士那样，倒在迎面刺来的利刃之下。[30]

如果路易十六具备西拉诺的精神，或许能够拯救自己及家人于水火，也许还会使这个国家免于流血与苦难。

---

① 西拉诺（Silano,？—43），又称西拉努斯（Silius），罗马政治人物，因为遭人指控被梦到意图谋杀当时的罗马皇帝，故而被处死。

即使在被捕当天，即 8 月 10 日，他仍然有可能背水一战甚至逆转翻盘。泰纳①评论称："如果国王斗志尚存，还可以抵抗，还可以自救，甚至赢得胜利。"[31] 但是，如在民主进程风起云涌的法国等地可以观察到的那样，当时的精英阶层与今天的资产阶级何其相似。虽然泰纳所谈及的是过去的历史，但准确地描述了法国的现状，"十八世纪末，上流社会乃至中产阶级普遍害怕流血；文雅的举止和田园诗般的梦想削弱了好战分子的意志力（今天，法国资产阶级再一次沉溺于乌有之乡），各个地方的治安官完全没有意识到维持社会秩序和文明远比少数罪犯和傻瓜的性命更有价值，将社会治理的首要目标抛在脑后。"[32] 在罗马也可以发现类似的情况，而这就为帝国的覆灭埋下了伏笔。[33] 如今资产阶级也在重蹈覆辙，看起来，他们的结局很可能与过去没有什么不同。[34]

62

目前，类似的现象在几乎所有的文明国家屡见不鲜，但在法国和比利时，体现得最为明显。在这两个国家，社会主义运动的发展更为激进，并在某种程度上彰显出

---

① 依波利特·泰纳（Hippolyte Taine, 1828—1893），法国哲学家、文艺评论家、历史学家。

发展的总体趋势。

　　只消稍加研究就足以发现，上述国家的统治阶级完全折服于多愁善感与人道主义，而这种倾向与十八世纪末的情况何其相似。统治阶层的敏感近乎病态，并有可能侵蚀刑法的全部效力。每天，都有新的法律被设计出来，以帮助可怜的小偷和和蔼的刺客；即便没有全新立法，对既存法律随便曲解，也足以解决问题。在蒂耶里堡（Château-Thierry），某位现在鼎鼎大名的法官无视法律，一味顺从观众盲目的情绪进行审判。[35] 资产阶级对此听之任之，保持缄默。如果有哪位法官想履职尽职，就会遭遇白眼，甚至被当众嘲笑。因为缺乏弹压，流氓无赖横行乡野；在人迹罕至的穷乡僻壤，他们使用威胁的方式讨要财物；出于报复，或是某种邪恶的冲动，或只是恣意妄为，他们焚烧富人的城堡，纵火变得司空见惯。当局对此置若罔闻，毫无动作；他们知道，如果一丝不苟地履行职责，结果就将面对议会的质询，也许会导致内阁因此垮台。更奇怪的是受害者的行为举止，他们沉默不语，听之任之，似乎面对着的是根本无法抗拒的至恶。其中最为大胆者，也仅仅满足于幻想拿破仑转世，拯救自己于水火。

　　罢工期间犯下的罪行仍然没有得到纠正；法官有时会作出有罪的判决，但充其量只是走走过场。被告很快就会被宣告无罪，由工人强制执行或由政府自发承认，"安抚"工人继承过去贵族所享有的特权，使得他们实际上凌驾于法律之上。工人们甚至建立起自己的特别法庭（即仲裁庭），即使自己完全不占理，也一定会谴责"老板"以及"资产阶级"。面对这种滑天下之大稽的司法模式，诚实的律师应该建议当事人不要提起诉讼，因为必败无疑。当然，社会民主主义希望扩大这个堪称特例的法庭的管辖权——教会法庭已遭废除，工人法庭却应运而生。通过诉讼来消灭富人的雅典式民主，曾得到中世纪意大利海上共和国[①]的效仿，如今又被现代民主所照搬。[36]传统精英阶层在掌权时做得更糟，因此无法从上述事实中推断出反对任何一种统治制度的结论。只能从中发现哪个阶级在没落，哪个阶级在崛起的迹象。[37]如果阶级甲享有法律特权，而法律被错误解释为对阶级乙有

64

――――――――――

　　① 是中世纪意大利和达尔马提亚沿海地区一批繁荣的城市国家的统称。

利或不利，那么很显然，阶级甲享有或即将享有超越阶级乙的优势，反之亦然。

陪审团的决定也是这个方面的指标，表明资产阶级所接纳的是普通人最劣质的情绪反映。

最后，一旦出现些许浪漫色彩，资产阶级的多愁善感就会暴露出愚蠢邪恶。此类例子数不胜数，这里仅举一例。一位不怎么成熟的绅士，为了"拯救"一位妓女而与其结婚，后来发现无法共同生活时，想和妻子离婚，妻子愤而杀夫。陪审团宣判妻子无罪，以下是被告提出的完美辩解："对于未能善始善终的人走向生命的终结，不应感到遗憾。让我感到遗憾的是，因为他要离开我，所以我才不得不痛下杀手。我之所以杀人，还因为他求我与他离婚，玷污了我的名声，也让他自己蒙羞。让我离婚？绝无可能，所以只剩下一条路可走。"[38]文学作品乃至新闻报道受女权主义以及戏剧效果的影响，显而易见地倾向于杀人的妓女。受害者也受类似的理论蛊惑，曾写信给妻子："我认为你就是《悲惨世界》（*Les Miserables*）中的芳汀（Fantine），我坚信你会从良。"这个好男人，本来可以娶一位体面的女孩，过上更好的生活，但受了维克托·雨果（Victor Hugo）以及小仲马（Dumas Fils）等人对失足妇女过度美化的蛊惑，当然，这种对华而不实言辞的盲目轻信活该受到惩罚。然而，他的错误罪不至死，而且，惩罚的方式与主体无疑僭越了正义。在那些不完全陶醉于"人道主义"学说的人看来，那些善良感性甚至坚持女权主义的陪审团成员本应对下列理论多少有所怀疑，即"未能善始善终者理应被曾从这种善行中获益的人杀害。"

这种未得好报的人道主义者的命运，折射的是大革命时代降临在奉行人道主义的法国贵族身上的命运。面临不是被送上断头台，就是被褫夺财富的命运，资产阶级必须——至少在表达层面——摆脱其现在念兹在兹的"尚未彻底行善"的迷思，同时还必须放弃开脱、改造乃至美化迷途堕落之人及穷凶极恶之辈。只要这个世间尚存不幸，弱肉强食就不会停止。[39] 剩下的，就是要意识到这一点，并努力避免沦为待宰的羔羊。

在 1900 年 6 月 22 日举行的共和派"工商委员会"（Committee of Commerce and Industry）宴会上，米勒兰在致辞中说了几句客套话后，话锋一转，宣称"在追求社 66

会正义道路上砥砺前行而取得的一些进展得到承认，令人感怀，共和国必须不屈不挠，永远沿着这条道路前进，努力开展社会康复工作；也就是说，给予这个社会最不幸的那群人以同情，努力为其争取更多的正义和幸福。"然后他用亲切的口吻向资产阶级示好，并谈到结盟问题："我任职（商务）部一事已经表明了资产阶级和工人结盟的必要性，我们必须为之自豪。"在场众人似乎没有一个记得那句古老的格言："与强人结盟永远都是不可靠的。"① 没人胆敢如此回应这位公民、这位同志、这位部长："等我们帮你战胜民族主义者后，你就会像传说中的狮子那样将一切都据为己有。"

"就这样，肆无忌惮的狮子拿走了整个猎物。"你已经露出了獠牙。口口声声称我们为盟友，却任由我们遭受劫掠而不加以惩罚。一个很好的证明便是，你的朋友，被你任命为劳工部高官的饶勒斯②提议，如果大多数工

① 典出罗马帝国初期的诗人派德汝斯（Phaedrus）的诗作，讲述了母牛、母山羊、绵羊和狮子协力抓住了身躯硕大的牡鹿后，狮子寻找各种理由，将猎物全部占为己有的故事。
② 让·饶勒斯（Jean Jaurès, 1859—1914），法国社会主义领导者，是最早提倡社会民主主义的人物之一，并因其宣扬的和平主义观点及预言第一次世界大战的发生而闻名。

人希望罢工，那么其余工人必须受到警察的约束参与其中，同时，资方不得雇佣罢工工人或者没有参与罢工的劳动者从事劳动。在场的众多工业家，没有任何人胆敢抱怨半句。如此懦弱的家伙活该受到这样的对待。看到他们，米勒兰可能会想起提比略（Tiberius）① 谈及另一群堕落精英时所说的话："哦，看看这群自甘为奴的人！"

目睹各方对民众穷尽阿谀奉承之能事，着实可悲。即使是像加利费②这样的刽子手，也在法国议会中宣称自己是社会主义者！他们都臣服于新的统治者，仰人鼻息。[40]

在某种程度上，正是由于资产阶级这种不断恶化的弱点，才催生了这个阶级所鼓吹的新一轮宗教狂热。因此，这一弱点也是造成当前宗教危机的众多原因之一。人们常说，无力挥动屠刀的恶魔，就会立地成佛；人老

---

① 提比略·格拉古（Tiberius Sempronius Gracchus，公元前 217—前 154），罗马共和国第二次布匿战争时期元老院的议员、大西庇阿的女婿、格拉古兄弟之父。

② 加利费侯爵加斯顿·亚历山大·奥古斯特（Gaston Alexandre Auguste, Marquis de Galliffet, 1830—1909），法国将军，在 1871 年参与对巴黎公社的镇压，曾担任法国战争部长，为此引发了一场论战，因为独立社会党人亚历山大·米勒兰也加入了这个政府，从而与这个"公社的刽子手"（Fusilleur de la Commune）共事一主。

珠黄的娼妇也会从良向善，狂热地皈依宗教。资产阶级的情况却与此没有半点类似，他们虽然偏执，却从未放弃自己的恶行。

人道主义情绪及其所表现出来的谨小慎微无疑是夸大的、人为的和虚假的。诚然，妓女、小偷和凶手值得同情，但是，诚实的家庭主妇或正直高尚的男子难道不同样值得同情吗？设身处地感受穷人疾苦，设法减轻他们所遭受的折磨，无疑很好，也很高尚。但是，当下生活安逸者，难道就应该忍受劫掠并陷入水深火热，成为明天的穷人？他们难道不也是人？现如今的资产阶级从不着眼未来，哪怕死后洪水滔天。他们使用感性的话语宣泄情绪，实则借此掩盖背后的利益争夺。弱者通常也有邪恶之处：他们长于偷窃，但不敢冒险抢劫。

处于衰落阶段的精英阶层，普遍表现出人文关怀的倾向，变得多愁善感；但这种善意，如果不是单纯的软弱，也更接近于华而不实。塞涅卡这位堪称完美的禁欲主义者，拥有巨大的财富、华丽的宫殿、无数的奴隶。为卢梭鼓掌的法国贵族知道如何让他们的"狂热者"付出代价；对美德的全新热爱并没有阻止他们与妓女的尽情狂欢，而他们所挥霍的，是从食不果腹的农民那里榨取而来的钱财。今天，在法国，地主通过征收作物税与牲畜税，从同胞手中夺取了巨额财富：在中饱私囊的同时，这些人会向所谓"人民的大学"捐献一些小钱，借此安抚自己的良心，并希望能在选举中争取选票。在穷奢极欲的同时向穷苦百姓表示同情，无疑会令人身心愉悦。许多现在的地主，说不定就会在将来投身社会主义，选择脚踩两只船，随意切换自己的身份。未来何其远，谁知道什么时候会到来。与此同时，享受财富，大谈平等，增进友谊，谋取公职，有时还能觅得赚钱的良机。而这一切只需动动嘴，用虚无缥缈的未来承诺作为对价即可，简直太令人惬意了。用兑现时限 69 遥遥无期的空头支票换取实打实的资产，必然有利可图。

现在的统治阶级通过征收保护性的税赋，从海运、食糖和许多相关产品中抽成，为企业、财团、信托基金提供政府补贴，侵吞了巨额财富，其数目肯定不亚于此前的统治阶级所勒索盘剥的款项。对其而言，唯一的好处便是剪羊毛的方法日渐精进；因此，攫取相同数量的财富所需成本更低。收取买路钱的封建领主阻碍了商品的流通,得了芝麻丢了西瓜;而其继任者,受益于保护性税赋,非法鲸吞大量财富,但很少造成间接损害。

统治阶级欲壑难填——因为权力日益削弱,于是开始大肆欺诈。在法国,在意大利,在德国,在美国,每天都在推出新的税赋,创设新的贸易保障条款,规置新的以卫生条款为借口的贸易障碍,拨付各种新的补贴。在意大利,在德普雷蒂斯①统治时期,政府曾派遣士兵为拒绝支付自由收割者所要求的薪资的地主割麦;今天,这一"良好做法"得以延续。看起来封建徭役又要卷土重来。兵士不仅仅需要保家卫国,还需要为地主阶级服务,以压低否则将由自由竞争所决定的薪酬水平。

这就是最积极的"人道主义者"采用的掠夺穷人的方法,召开防止结核病的大会固然不错,但最好不要从忍饥挨饿的人那里偷取面包,最好是少谈些所谓的"人

---

① 阿戈斯蒂诺·德普雷蒂斯(Agostino Depretis, 1813—1887),意大利政治人物,1876 年至 1887 年间数度担任意大利总理,被广泛认为是意大利历史上最有权势和最重要的政治人物之一。

道主义"，多尊重别人的财产。

没有任何迹象表明统治阶级将要放弃上述糟糕的路线，可以假定，他们将一意孤行，直到最后的灾难降临。这一点在法国的传统贵族身上已经有所体现。就在革命前夕，他们还在试图裹胁路易十六，好从国王那里榨取利益。[41] 人们发现，在德普雷蒂斯统治下的意大利，精心策划的系统性劫掠活动屡见不鲜。从选举人到被选举人，所有人都在出卖自己的灵魂。1887 年贸易保护主义的收紧，被用作向出价最高者拍卖对公民开征私人税赋的权利的手段；其他人则通过铁路、银行、钢厂和商船赚取利润。整个统治阶级都围绕在政府周围大呼小叫，要求至少从人民的血汗中分得一杯羹。恶的种子在此时悄然播下。结出的恶果，便是 1898 年 5 月（在米兰爆发）的流血冲突。更坏的情况，也许正在未来等着我们。统治阶级的剥削，遭遇广大人民的暴力反抗，虽然被不公正的镇压所压制，但没有被彻底消灭。在本人看来，这样做之所以不公正，是因为其目的不是为了保护秩序和财产，而是为了维护特权，使统治阶级的掠夺永久化，并

71

使像"诺塔巴托审判"① 这样的可耻行为成为可能。

在此要提醒读者，上面所说的统治阶级力量的削弱，绝对不是指暴力的减少；当弱势一方相对暴虐时，暴力行径甚至会频繁发生。没有人会比懦夫更残忍、更暴力。力量和暴力是两个完全不同的概念。图拉真（Trajan）力量强大但不暴力；尼禄（Nero）暴虐异常但并不强大。

如果恶行不断升级，而其精神、勇气和力量却在逐渐衰退，则二者之间的反差很可能变得相当尖锐。结局只能演变为一场暴力灾难，借此恢复被严重扰乱的平衡。

① 1893年，意大利银行家、政治人物伊曼努埃尔·诺塔巴托（Emanuele Notarbartolo）被西西里黑手党暗杀，1899年，众议院授权审判煽动暗杀的政客拉斐尔·帕利佐洛。1902年，他被判有罪并被判处30年监禁，但最高上诉法院废除了这一判决。在1904年7月举行的新审判中，由于证据不足，佛罗伦萨法院宣布他无罪。

第四章

新精英的兴起

相信今时今日在统治阶级中力拔头筹的是人民，纯
属幻觉。事实并非如此，占据统治地位的，是一部分依
靠人民群众的全新精英阶层。新兴精英与普通民众之间
的区别已经初露端倪。这表明随着时间的推移，将出现
类似于罗马时代平民中的上层和其他人之间的对比，或
者如意大利当年那些城邦共和国大小行会之间的差异。
后者至少在一定程度上堪比英国新旧工会之间的竞争。

无论在哪里，利润丰厚的行业的从业者都试图通过
严格限制获准学习某一特定技能者的人数，将其他外来
者排除在相关行业之外。玻璃工、印刷工和其他类似行
业的工人构成了封闭的种姓结构。许多罢工都源自组织
起来的工人抵制那些单打独斗的劳工这一事实。简言之，
我们可以观察到混沌状态的析离和分层，而其中的佼佼
者，恰恰构成了新兴精英团体。

值得注意的是，到目前为止，新兴精英的政治领导
人几乎无一例外都是资产阶级；也就是说，他们脱胎于
传统贵族阶层，后者性格颓废，但并未因此变得平庸。
究其原因，皆在资产阶级进退失据，导致其内部分崩离
析，其中的佼佼者纷纷转投敌人阵营，统治阶级的力量

变得更加贫弱，失去了最坚强、最高尚、最诚实的中坚。在意大利就曾经出现过类似的情况，绅士们往往面临进退两难的窘境：要么与自己所属的阶级同流合污，认同贪污公众存款和"诺塔巴托审判"等荒腔走板的行径，要么干脆转投社会主义运动。显然，这些人将不可避免地被推向后者的阵营。

资产阶级出身的领导人和工人阶级出身的领导人结成了新兴精英阶层，因为工人阶级越来越活跃，受教育水平越来越高，力量越来越强大，所以在新兴精英中的占比可能会上升，工人阶级的人数可能会增加。

目前的演变，从十九世纪初开始就已初见端倪。无论是生命体还是社会有机体，其营养器官与身体结构之间关系密切，实乃亘古不变之法则。不会有人相信食肉动物和食草动物的形态结构完全类似。也不会有人认为穷兵黩武的社会与工业文明的社会应该具有同样的社会秩序。和上个世纪相比，现在的社会当然工业化程度更高，发动战争的可能性更低，因此其秩序必须改变。在工业高度发达的地方，工人阶级迟早会掌握巨大的权力。这在进行政治选举的国家一见即明：一旦城市实现工业化，几乎可以肯定，社会主义者——至少激进派代表——就将进入议会。以意大利为例，在此前"裙带"政治占主导地位的米兰，以及鼓吹君主制度的都灵，随着工业化进程的快速推进，社会主义者、共和派和激进派开始成为主角。反观佛罗伦萨，因为工业增长速度相对较慢，故而温和派依旧执政。

对于上述一般趋势学界多有提及，在此不多置喙。然而，另外一项非常重要的最新进展，却颇为值得研究。我在这里所指的，正是赋予部分工人更高薪酬的运动；而这部分工人，将率先成为新兴精英的核心群体。

出现这种情况的主要原因，在于存款和资本的大幅增加。1870 年以后，欧陆地区长期没有爆发大战，银行存款消耗不大，即便储蓄的增长受到国家社会主义造成的浪费或统治阶级中饱私囊的遏制，无论如何都并不能阻止存款量的全面增加。随着资本和劳动力比例的变化，前者不再稀缺，而后者却在增值。只要技术允许，机器就可以代替人。这样做具备经济上的可行性，在不缺乏资本的文明国家并不难实现；在其他国家，这种转变虽然从技术角度来看存在可能性，却不太划算，因此工人的体力劳动依旧占据主导地位。如此一来，在资本充裕的地方，人们必然转投机器无法与之竞争的行业，寻找需要判断力和智慧的工作。这种严苛的入职条件更可以带来额外的好处。重赏之下必有勇夫，如此态势肯定会刺激由更聪明的人来操纵机器。传统的矿工没有三头六臂，即便是以一当二的大力士，即便工资可以因此翻倍，也已经达到极限，毕竟他的工作可以由另外两个人同样出色地完成。另一方面，驾驶火车头需要司机具备判断力，聪明能干。无法用在这些素质方面稍逊一筹的两名技术人员取而代之；两三个甚至四个平庸的工程师，都不可能达到一位出类拔萃的佼佼者的劳动效率。化工厂里十个无知的工程师根本无法与一位杰出的化学达人相提并论。因此，存在一股将劳动力分为层级，并让优势阶层掌握巨大优势的永恒动力。这便是新兴精英形成的主要因素。

某些"伟大"的社会主义者，一心想要消灭资本，对此视若无睹。他们没有意识到，自己在不知不觉中成为传统精英的帮凶，妨碍了新兴精英的崛起，而后者的统治地位只有在资本大量存在的情况下才能牢固确立。

马克思主义者对此具有清醒的认知，他们即使不是从科学意义上，至少仅凭直觉便意识到，只有在充分掌握资本的情况下才能实际取得胜利；或者如他们所说：社会主义的发展必须经过一个"资本主义阶段"。

另一个新兴精英成型的严选过程，由工会和财团进行。这反过来又可以视为上述事实的结果，毕竟只有在资本充足的情况下，即在源头上储蓄和资本充裕的情况下，大型工业才能取得长足发展，工会和财团也才能得以存在并日益繁盛。然而，请不要忘记，这种充足本身似乎是，而且在某种程度上实际是这种现象的原因，也是这种现象的部分结果。恰恰是工业发展和工人中新兴精英阶层的形成，才促成了储蓄和资本的增长。

保罗·德·鲁西埃①对英国劳工的演变洞如观火，他认为仔细研究这一发展过程，就会发现新兴精英阶层形成的相同特点。在谈到工会领导人时，他表示："首先让人印象深刻的是他们讲求实际、清晰严谨、实事求是的态度，以及争取胜利的不懈努力。"[43] 而这些，恰恰是

①　保罗·德·鲁西埃（Paul de Rousiers，1857—1934），法国社会经济学者、职业说客。

走向历史坟墓的传统精英身上正在消失的品质。"正是那些相信有必要彻底推翻旧社会的人，那些被最先进的社会理论所鼓舞的人，能够在内心坚持梦想，同时务实努力，积跬步至千里……此外，他们中有许多人完全致力于追求无论如何都不需要动摇既存社会制度的利益。"他们以强者的身份进行辩论，不沉溺于资产阶级人道主义的软弱情绪；他们主张，"如果不与自己的弱点作斗争……弱者的状况根本无从改善。他们需要充沛的理性，以及强烈的道德责任感……务实的头脑、高尚的道德和良好的教育是工会领导人成功的三大保证。"[44] 而这些不正是精英（指最优秀的人）区别于普通人的品质吗？

将军之后接着尉官、士官、士兵，所有人都是应选之人。确切地说，从来不存在尊卑有序的精英位阶，只存在由不同位阶的优秀者共同构成的精英阶层。

我们必须深入到普通民众当中，从平凡工人身上，才能认识到工会成功的深层次原因。首先，每周按时缴纳会费，为工会提供了不竭的财源，这是不可或缺的物质基础。在英国，被组织起来的工人与工会签订了一项严肃的协议并坚决贯彻执行。如果不是因为失业、工伤、生病等原因得到减免，任何连续拖欠数周会费的会员将会被工会除名。脱离了工人组织后又会如何呢？被除名的工人重新成为无产阶级，而这个新的无产阶级同新的精英阶层同时形成，现有资产阶级的后代在被新的精英阶层掠夺之后，很可能也会出现在无产阶级当中。"我坚持定期缴纳会费这一事实的重要性，"鲁西埃补充指出，"因为除了可以为工会提供经济保障外，缴纳会费还标志着属于工会的身份特质。我们常常说，工会人员是精挑细选的结果：'最优秀的人属于工会。'这些人，基于共同的目标自愿结合在一起……是成功的真正基础。"[45] 对于精英阶层由来的描述，无出其右者。

意大利社会主义者一再表示，其思想传播之处，工人将变得更高尚、更诚实、更文明，男人不得家暴妻子，否则就被其排斥在外；这些遭到排斥的家伙只能在酒馆里买醉度日。这一切所言非虚，只是在大多数情况下，不是因为工人受到思想的感召而发生改变，而是社会主义选择了这样的工人，这显然是两个根本不同的问题。我们不否认一个人可以改变自己的习惯，但现在大家都清楚这实属例外；自然法则亘古不变，如果物种可以缓慢地，非常缓慢地得以进化，那么就个体而言，相关变化微乎其微。优秀的数学人才本是上天所赐；为傻瓜提供良好的教育，根本不能使其成为数学大师。谁能把懦夫变成勇士，将荡妇变成烈女，让鼠目寸光之徒变成高瞻远瞩之子？

即便如此，毋庸置疑，社会主义者的加入，让善良工人的数量有所增加；因为这为那些善良的人提供了表现自己的方式：大胆假设，其中一些人的品质的确得到了根本性的改造；但一定还有另外一部分性格存在问题，缺乏诚实、道德和智慧的工人，加入到新的无产阶级中来。

本人熟识的一位朋友在法国编辑一份报纸。她强烈反对工会，并告诉我，她自告奋勇与印刷工会谈判报纸的印刷出版事宜，"临时工（遭人歧视的外来务工者）毫无没有纪律可言，完全缺乏信用。"这就是临时工无法加入工会、无法获得工作的原因。这就是为什么他们被从其所属阶级的精英阶层中除名，被推向无产阶级的原因。

随着资本增多、产业变化等因素的强化，此类选择现在渐成主流。

德国俾斯麦政府和意大利资产阶级政府的迫害，也对新兴精英的遴选产生了影响。由于上述迫害，许多不太坚定、瞻前顾后的人被除名，职业政客也被拒之门外。另一方面，在参与法国政府组阁的社会主义者中，职业政客层出不穷。随着其他国家的新兴精英取得胜利，类似的祸害迟早都会到来。对于新兴精英来说，这种事情宜晚不宜早，最好出现在脚跟站稳之后，而非立足未稳之前。

新兴精英的出现也体现在此前所回顾的与宗教危机有关的事实当中。一部分法国社会主义人士参与组阁；另一部分社会主义者则与其割席断义，一逞口舌之快。那些开始变成新无产者的人，对米勒兰及其同侪大放厥词，支持反对政府的动议；而米勒兰等人则对上述指责嗤之以鼻。如果瑙曼的大胆提议成为现实，新的精英阶层就会突然出现，集结在他们的君士坦丁大帝周围，挥舞刺刀和步枪，镇压试图拿传统的人道主义陈词滥调当挡箭牌的无产者。[46]

召开代表大会期间，社会主义者动用武力驱逐无政府主义者以及持其他异端邪说的不同政见者。在伦敦，这甚至得到了资产阶级警察的帮助。这样做没错，别无选择，不依靠武力，任何秩序都难以维持。只有这些不幸的资产阶级人道主义者才会幻想政府只提供甜头，才会要求警察和士兵被动挨打，在被石头砸死之前不得使用武器。可以肯定，未来掌权的精英阶层手下的警察不会如此耐心，因为未来当家做主者将是朝气蓬勃的青年，容不下良善天真的老旧思维。

现在转向更为民主、社会主义更为发达的国家，例如法国。我们很快就会认识到，新旧精英之间的斗争的结果毫无悬念。新兴精英充满活力，传统精英则疲弱不堪；新兴精英大胆勇敢，宣扬"阶级斗争"；传统精英幼稚软弱，赞美"团结"，面对打击逆来顺受，而不是以牙还牙。

看看媒体。新兴精英阶层掌握新闻喉舌捍卫其所谓的诚实和普遍的利益；受其影响，食不果腹的人们宁愿节衣缩食，也要为其提供帮助。资产阶级不想也不知道如何付出经济代价，以换取类似的发声渠道。例如，很少有资产阶级支持的报纸能与《前进报》（*Avanti*）相提并论。当然，资产阶级资助的报纸数量不少，甚至有些过多过滥，但背后缺乏诚实而普遍的利益支持。支付这些费用是为了在巴拿马运河、铁路和公路合同、钢铁合同、商船保险费和保护税上赚取利润；资助者要么是侵吞公帑的奸诈承包商，要么是已经成为或者想成为参议员、众议员甚至仅仅市议员而已的野心家。简言之，这种经济支持服务于特定的利益群体，而非正当公平的利益。

看看罢工。工人信任自己的同志；为了让所有人都能获得工作机会，他们宁愿忍饥挨饿也不会单方面复工，只有当所有抵抗都已经无济于事时，他们才会承认失败。另一方面，雇主们通常并不相信被雇来代替罢工工人的临时工；他们无所顾忌，毫无廉耻地牺牲后者的利益。在不胜枚举的例子中，去年发生的伦敦灰泥公司事件值得一提：该公司与罢工的员工达成了协议，却开除了此前被雇来替代罢工者的意大利人。

看看某些国家的议员。在意大利，担任民意代表的社会主义者生活正派，受人尊重。与其形成鲜明对比的是那些苦心钻营的政客代表：如果能从中谋利，他们会以每天 30 个银元的价格出卖基督。

看看新兴精英的严明纪律。一旦发现混入了害群之马，就会立即采取措施加以驱逐。而资产阶级则认为，如果发现自己人犯下哪怕最卑鄙的罪行，视而不见才是最为明智的反应。在意大利，那些将手伸进银行大捞特捞的贪婪大鳄，那些为刺杀诺塔巴托的人提供庇护的幕后黑手，没有得到应有的惩罚；相反，他们依旧位高权重，受人膜拜。

鲁西埃讲述过一件关于泥灰工工会的往事。"（工会）针对拖欠会费的工人，制定了严厉的规则。我曾目睹过下列情景，当时我陪同工会秘书甲先生参观了工地。我们信步来到一排由偷工减料的建筑商仓促赶工的房子前，突然撞到一位正在涂抹隔墙的泥瓦匠。他似乎对我这位同伴的到来感到有些尴尬。'好吧'，甲先生说，'准备好你上周六答应我的事了吗？''还没有，'可怜的家伙垂头丧气地低语。'我已经警告过你了，'甲先生接着说，'那么，如果今天接下来发生了什么不愉快的事情，你得明白责任完全在你自己，是你咎由自取。''是我的错。'接着，甲先生丝毫不关心泥水匠的不幸，反而对我说：'这里有个没办法自己擦屁股的可怜虫。'幸运的是，老板来了……他从口袋里掏出 5 先令，作为预付工资交给泥瓦匠，泥瓦匠又把钱交给甲先生。这样，他就可以继续工作了。'如果不交钱，我会毫不犹豫地让他卷铺盖走人，'甲先生对我说。"[47]

这位秘书，这位由工会付钱来确保其规则得到遵守的官员，如果换成是接受资产阶级政府的俸禄而在蒂耶里堡负责执法的法官，显然就不会那么严厉苛求。或许他会用场面话来形容那个遭人恨的可怜人。如果工会成员像我们的资产阶级那样，有一部分人会不支持这样严格的秘书，而是进行极好的道德辩论，对拖欠会费者大肆"声援"，用愚蠢、无谓的言辞使规则趋于无效。还有一些人变本加厉：他们会要求秘书不必关心工会诚实和普遍的利益，而是某些工会会员不诚实亦不普遍的利益。在这种情况下，秘书就不会是上面那套说辞。他会对拖欠会费的工人说："下次选举，你要把票投给达米亚尼（Damiani），这家伙可是个像克里斯皮①那样的狠人；如

---

① 弗朗西斯科·克里斯皮（Francesco Crispi，1818—1901），意大利政治人物，与俾斯麦等人齐名，由于其独裁政策和风格，经常被当成一个强人，并被视为法西斯独裁者墨索里尼的先驱。

果达米亚尼当选，你想怎么样都行，否则就立马给我付钱。"

如果有人告诉你："有两支军队，白方和黑方，正面对垒。如果白方纪律松懈，缺乏活力，信心不足，甚至不敢正视自己正在与黑方作战的事实，盲目安慰自己身处战争中的和平状态。他们筹措资金为黑方提供武器，却不愿意为自己动用分毫。他们胡说八道，白费口舌，缘木求鱼，劳而无功。最好的白方战士临阵投敌，加入黑方。另一方面，黑方上下目标明确，斗志高昂，纪律严明，信心十足，他们高举旗帜，明确表示希望消灭白方，将其彻底歼灭摧毁。他们紧密地团结在一起，每个人都愿意为自己的同志和旗帜作出任何牺牲。他们从不梦想帮助敌人，他们为自己购买武器，而不是为别人提供军费。他们的队伍不断壮大。"如果这个时候你被问道："你认为胜利是站在哪一边？"答案不是显而易见吗？

资产阶级只会把精力和金钱花在敌对分子身上。在他们的帮助下，社会组织中涌现出大量邪恶、无能、堕落之辈；但资产阶级从来没有想法建立任何——哪怕一个——捍卫其权利的组织。接下来的问题就是，资产阶级享有权利吗？似乎没有，因为他们羞于谈论这个话题。这些有产者自行放弃了所有权，把钱捐给所谓"人民的大学"，后者教导人们，资产阶级的一切都应予以剥夺。从某个角度来看，可以说因为资产阶级不知道如何捍卫自己的权利，因此实际上并不享有任何权利。

目前来看，新兴精英灵活包容，向所有人敞开大门，但取得胜利后的精英阶层，开始变得愈发僵化、愈发排外。值得一提的是，宣扬人人平等的佛教，在某些地方可以孕育出神权政治；似乎专门为穷人贱民服务的基督教，业已产生了罗马的神权教廷。这一点在宗教改革时期受到了新兴精英的挑战，但由于其还没有完全腐朽，因此只遭受了部分失败。在宗教改革时期，传统精英阶层日趋衰落、日渐骄横的迹象，在所谓流氓贵族的身上体现得最为明显：希金根①和胡滕②代表着此类革命骑士的两种类型。一如既往，新兴精英依靠穷人贱民，后者对前者开出的支票深信不疑，无可救药地受到蛊惑，为

---

① 弗朗茨·冯·希金根（Franz von Sickingen，1481—1523），德国骑士，骑士起义（1522年秋至1523年5月7日）领导人。

② 乌尔里希·冯·胡滕（Ulrich von Hutten，1488—1523），德国骑士，骑士起义领导人。

自己套上了比从前更为沉重的枷锁。[48] 同样，1789 年法国大革命产生的雅各宾派寡头政治，仍然以帝国专制收场。[49] 历史反复重演，没有理由相信习以为常的情况现在应该陡然改变。《西比拉神谕》（Carmi Sibillini）曾告诉世人，"不再有富人和穷人，不再有暴君和奴隶，也不再有崇高或渺小；不再有国王或领袖；一切都将公有。"[50] 可怜的人儿仍在等待上述预言成为现实。

可以预见，在不久的将来，就会出现类似的重大承诺，而这种承诺的结局，也将与此前的其他承诺如出一辙。取得胜利以后，新兴权贵也许会对新无产阶级作出一些形式和口头上的让步；也就是说，给穷苦的弱者、鼠目寸光之流或者能力缺失之辈一些甜头，但实际上，这些人却可能要承受比现在更为沉重的束缚。新的统治阶级，至少在一段时间内，不会像资产阶级那样衰败无力。

古斯塔夫·勒庞（Gustave Le Bon）曾言："今天，工人发现自己面临千载难逢的良机——可以自行立法，剥夺资产阶级的财富而不用担心受到惩罚。"[51] 这话虽然并非放之四海而皆准（譬如，在俄国和意大利就不适

用），但在正迈向国家社会主义的较为先进的国家，情况
的确如此。奇怪的是，在某些实行累进税的地方，这种
税制竟能被渐次推高到为统治阶级换取最大利益的极限。
经验告诉罗马奴隶主，把鸡窝里的鸡蛋留几个给奴隶，
对自己来说才是有利可图的，因为这会刺激奴隶持续工
作，为主人生产更多的东西。同样，经验也告诉某些民
主官僚政府，将承包商和资本家吸干榨净，无异于杀鸡
取卵。因此，让他们保持一定的收入，既要从他们身上
获取最大限度利益，又不妨碍在未来继续运用智力和财
富创造价值。也就是说，需要像罗马奴隶主一样，尽可
能选择圆融温和的手段实施剥削。目前还无法确定新兴
精英是否会像现在的精英阶层那样，任由自己遭受劫掠，
因此，仅就这些例子而言，勒庞的评论可谓一针见血。

这位作者还对常备军有所观察，而其观点在某种程
度上是正确的。他认为，招募平民组建的常备军，最终
将成为社会主义战争的工具。"政府还没有意识到个中危
险，因此无论怎么强调都将徒劳无功。"他进一步指出：
"事态的发展侵蚀了经年累月砌筑而成的大厦基础。军队
作为这座大厦最后且唯一的支柱，正在逐渐分崩离

析。"[52] 这对法国来说，可能是正确的，但对德国则不然。没有任何迹象表明德国军队行将崩溃。相反，众所周知，德国军官全部出身上层阶级，从而导致这支军队的动向难以预测。社会主义想要在德国取得胜利，最有可能选择的是瑙曼所指明的道路。

然而，无论如何不能忘记，对于形式或表象，我们的科学知识不足，根本无从预见，或者预见的能力相当有限。更何况，我们对于现象的实质几乎一无所知。

第五章

主观现象评述

宗教危机在人类的认识过程中扭曲的程度有限，因此，除了某些不太重要的表现之外，主观现象与客观现实之间的差距不大。天主教徒、新教徒和新思潮信奉者，都或多或少受到宗教浪潮的裹挟。的确，新思潮信奉者坚持自身信仰的科学性，但一些新教教派又何尝不是如此。奇怪的是，长久以来，其中一些人是将自己的信仰与纯粹的理性主义结合起来的。对他们来说，耶稣基督不再是一个神圣的存在，而是人中俊杰；就连所谓神迹，也开始被人借由自然法则加以解释。进入宗教信仰逐渐式微的时代以来，包括1860年前后，上述趋势便呈现出持续发展的态势。随着宗教信仰的回暖升温，这些教派并没有循着老路卷土重来，而是另辟蹊径回归宗教。换句话说，他们现在化身为一种社会主义——尽管有些逆耳，但这就是社会主义。对他们来说，基督教义中的超自然因素彻底消弭；剩下的只是旨在帮助穷人，在性质上可以被称为社会性的相关部分。

这些教派因为所宣扬的教义无法满足所有人的需求，似乎有可能像百川入海一样，汇入社会主义的大洋。期待神迹出现的芸芸众生，选择加入笃信基督具有神力的信众行列；无神论者则毫不犹豫地直接皈依社会主义阵营。事实上，这些教派已经沦为缺兵少卒的孤家寡人——人民既不理解，也不喜欢他们。

对于许多资产阶级而言，他们所依仗的基督教浪潮，似乎成为反对社会主义的一种手段。这就是说，在宗教信仰的众多表现形式中，他们选择了——或者更确切地说，相信自己选择了——对他们最有利的一种。做出选择的这一理由当然产生了一些影响，但远非人们想象的那般重要。有时，这些理由的确是先验存在的，但更多的时候仅仅是事后找补，为开展宗教运动提供某种便宜的合理性。即便背后存在某种战略思想，也没能发挥预期的效果。统治阶级希望利用传统宗教信仰来压制人民，如今人民正变得越来越脱离旧的宗教信仰而转向新的信仰，特别是社会主义信仰；资产阶级只有在本阶级内部才有所斩获。这就好比某位将军想催眠敌军，以便轻而易举取得胜利，但事与愿违，非但没有催眠任何一位敌人，反倒是让自己的手下昏昏欲睡，成为对方唾手可得的猎物。就其意识而言，这正是资产阶级的成就，不仅是对旧的宗教形式的改造，而且是对新的宗教形式的改造。这便是迄今为止资产阶级所取得的成果，无论是在传统宗教领域，还是在新兴宗教方面，他们永远都是刀刃向内，授柄于人。[53]

巴黎政治经济学会（The Societe d'economie politique of Paris）断言，在法国，禁酒主义者的言行仅对有闲阶级产生影响，对于普通公众甚至可以说毫无作用。酗酒的恶习依旧，只有适度饮酒者态度明智，有所收敛。上流阶级的禁欲主义只会使他们变得更无活力、更加猥琐、无力自保。你对那些禁酒戒肉，看到美女时非礼勿视的家伙还能有什么期待？他们可以去底比德①潜心修行，却无法在人生的战场上赢得胜利。

许多资产阶级内心相信，社会主义者在著作中鼓吹直接采取行动以保证社会正义、"世界和平""社会福祉"以及其他类似的"社会"事务。恰恰是资产阶级的所作所为，才让社会主义得以发展壮大。看到资产阶级执意成为自己的掘墓人，不由得让人联想起但丁对菲利普·阿尔津蒂（Filippo Argenti）的描述：

93

---

① 底比德（Thebaid），位于古埃及北部靠南的一块区域，得名于古埃及首都底比斯（卢克索）。在古埃及王朝时期，这里建有阿蒙神庙等宗教设施。

那个狂怒的佛罗伦萨人，

气得用牙自己咬自己。①

如果资产阶级明知不可为而为之，则堪称英雄和烈士；但如果他们是在稀里糊涂地自寻死路，就只能被当成傻瓜。

人们普遍认为，宗教情感的次要表现形式，完全受科学推理所驱动；因此，在这种情况下，真实的现象受到了主观的扭曲。

想要弄清楚这些人的内心状态，就必须反思经济危机发生时的相关情况。然而，在牛市行情中，证明企业会赚钱的任何论点都会获得支持；在熊市趋势中，这样的说法则绝对没有市场。在下跌趋势中拒绝购入某些股票的人，认为自己完全在受理性的引导，而他不知道的是，在不知不觉中，自己已经开始潜移默化地受到每天成千上万经济新闻的某种影响。随后，在股票价格上升的情况下，即便获利的机会完全相同，他仍然会购入

---

① 中译本参考了〔意〕但丁：《神曲：地狱篇》，田德望译，人民文学出版社 2016 年版，第八章。据说腓力浦·阿尔津蒂与但丁是政敌，彼此势不两立。

上面提到的那只股票，或类似的股票，并且将再次认为自己只是在遵循理性的命令，却依旧没有意识到，从不信任到信任，仅仅取决于周围市场气氛所催生的主观情绪。

众所周知，在证券交易所，一般公众往往买涨杀跌。而金融从业者因为具备更为丰富的执业经验，能够在更大程度上运用自己的理性，尽管有时也允许被情绪所左右，但坚持反向操作，而这正是他们收益的主要来源。景气繁荣时，任何鼓吹景气必然持续的平庸论调，都具有很大的说服力，如果你试图告诉人们，毕竟，股价不可能无限持续上涨，显然不会有人愿意接受。另一方面，在下跌趋势中，只有使人相信一切都很糟糕，股价必须下跌的论据，才有市场。任何想让萎靡不振的市场情绪重新振作起来的说辞，都显得苍白无力。

在道德或经济危机中，也可以观察到类似的情况。狂热的禁酒主义者发自内心地相信，自己的行为具备科学根据。他显然没有意识到：今天来看似乎很有说服力的论据，如果出现在怀疑论大行其道的年代，只会被当成一无是处的垃圾，根本不值一提。

95

造成上述事实的原因多种多样。当然存在大量的限制因素，但也有其他主观和客观方面的考量。本文虽然无意对此加以探究，但不管这些事实的起因为何，都有必要公之于众。

既有精英的衰落和新兴精英的崛起，在人类的认知中以一种与现实截然不同的形态出现，主观现象与客观现象之间存在很大的差异。

我们已经提到了其中一些差异。许多"人道主义者"发自内心地认为，自己致力于强化利他主义情绪。但他们根本没有意识到，自己所做的一切都在帮助新兴精英的利己主义取得胜利。如果两种不同的利己主义之间存在竞争关系；利他主义者需要扪心自问，为什么要厚此薄彼。但是，如今存在这样的理由："如果甲奉行利他主义，就会给乙一些东西"。当然，这个命题颠倒过来也应成立，如果乙也奉行利他主义，就不会接受甲的奉献。许多卫生专家对于自己致力于追求人类福祉的理想坚信不疑。许多"有道德的人"坚信自己的行为旨在服务于某种抽象的道德。他们非常清楚自己背叛了既有的阶级，转而支持新兴精英阶层争取胜利；而后者在取得胜利之后，并不会比传统精英更加高尚。

主观现象与客观现象之间存在的差距，在法国体现得尤为明显，而这与"德雷福斯事件"有关。如果有人把这种主观现象联系起来，也就是说，用通常表达思想的方式来加以描述，就会报告说，在对一个无辜的人进行非法谴责之后，被反犹主义和民族主义偏见所冒犯的人发起了一场暴力的正义之争。然而，如果他认为这些话并没有文过饰非，而且客观现象与刚才的描述几乎没有区别，或者根本没有区别，那么他也可以认为拜占庭帝国发动血腥战争的唯一原因在于神学意义的微妙争论，而不是什么政治角力的遮羞布。

事实情况与此完全不同。"德雷福斯事件"只是目前的精英阶层和未来的新兴精英之间竞争的一幕插曲。前者中的一小部分人，特别是在1850年至1870年间，曾试图秉持自由、理性和良好的判断力。这些人现在已经认识到他们的错误，认为人是受感性而非理性支配；唯一可行的就是选择一种情感，或者说选择一种宗教。因此，这一小部分资产阶级再一次接近了大多数人始终自觉地或不自觉地一直持有的类似思想。

如何才能抵抗来势汹汹的社会主义呢？法国的上层阶⁹⁷

级并没有太多可供选择的空间。他们试图重振传统的宗教形式，特别是天主教。他们试图利用某些厌恶社会主义的情绪，最终引起了反犹主义；此外，他们还以"民族主义"的名义确立了一种新的宗教，而这在蛊惑军队方面具备巨大的优势。应该注意的是：本人并不是说上述计划经过了精心策划，然后蓄意实施执行。事实证明，大多数人是因为情境所迫，不得已而为之，甚至根本没有意识到这一点。也许会有某位更加狡猾奸诈的枭雄可以洞悉大势，但他会尽一切努力避而不谈，以免削弱同党的盲目信仰。

"德雷弗斯事件"发生后，民族主义者敏锐到可以从中渔利；这是一个可以赢得军方支持进而使用武力的天赐良机。被囚禁在圣赫勒拿岛的拿破仑一世（Napoleon I）曾让人给他朗读拉辛（Jean Racine）的剧本《不列塔尼居斯》（Britannicus），他精辟地指出："影响君主决策的最佳方式，就是践踏他们的虚荣心"。民族主义者对高级军官尊严的冒犯感同身受，因而采取了绝妙的手段。他们的计划相当不赖，如果不是费利克斯·福尔①仓促

---

① 费利克斯·福尔（Felix Faure, 1841—1899），法兰西第三共和国第六任总统。

去世，计划可能已经颇为成功。

因此，客观现象只是上述两种精英之间的斗争。"德雷弗斯事件"的余波已经平息，或即将平息，但斗争仍在继续。今天，就在本文撰写期间，拜瓦尔德克—卢梭内阁的糟糕表现所赐，社会主义者正在赢得胜利，但无法预测明天的太阳是否依旧升起。战争的胜负无法预料。瓦尔德克—卢梭内阁在阶级问题上扮演的角色，与拉法耶特（Lafayette）在他所处时代的阶级问题上扮演的角色相同。这种无意间结成的同盟，对希望击败传统精英的新兴精英来说极具价值。

1900 年 6 月 15 日，法国议会就与索恩河畔沙隆（Chalon-sur-Saône）罢工有关的事实进行了调查。尽管内阁采取措施制止暴力行为显得为时已晚，但还是通过了当天一项部分针对警察部队的命令，内容如下："议会相信政府履行的所有职责都将得到司法调查的确证，因此通过相关决议。"

相关命令得到了批准，连带着众议员马萨布奥（Massabuau）提交的一份附议，上面写着："议会……谴责集体主义教条对于劳工的欺骗，因此批准了今天的命令。"随后，一些保守派代表投票反对内阁，看起来像是反对内阁下达的命令；一些社会主义者代表投票支持内阁，看起来是在反对集体主义。实质上，二者都是对的，因为瓦尔德克—卢梭内阁的所作所为，将有效确保社会主义取得即将到来的胜利。必须注意到，雷耶（A. Reille）、德拉索日（de Solage）、施耐德（Schneider）等工业巨头纷纷弃权。这证实了之前所说的目前精英阶层普遍缺乏勇气这一论断。他们将成为社会主义的头号牺牲品，实际上他们已经准备好遭受巨大的伤害；但是，他们不敢发声，怕失去政府的支持；而这些好处在某种程度上弥补了迄今为止他们在社会主义者手中遭受的损失。如果意大利政府哪怕略微倾向于社会主义，那么选择投票支持的也将是那些目前以社会主义者对手自居而从海运保费、保护税中大肆渔利者。这些勇敢的绅士就像向日葵，总是会转向有望获利的一面。

主观现象与客观现象之间的背离，催生出许多错觉。因此，许多人认为，反对马克思主义就可以有效地反对社会主义。这就好比认为通过指出《圣经》中存在的科学错误就可以有效地反对基督教一样。今天，很少有受过教育的人否认上述这些错误的存在。然而，这又对基督教造成了什么损害？没有。后者比以往任何时候更加大行其道。在尝试了各种吹毛求疵的解释之后，一些受过最高水平教育的马克思主义者竟然大放厥词，批评马克思的价值论是无效的，认为马克思从未试图建立一套价值体系。但所有这一切，几乎没有或根本没有撼动社会主义信仰。不是马克思的书造就了社会主义者，而是社会主义者使马克思的著作闻名遐迩。这就好比并不是伏尔泰的作品在十八世纪末缔造了怀疑论；正是怀疑论的热潮使伏尔泰的著作获得了声誉。当然，这样说只是为了阐明这种现象的主导方面，必须补充的一点是，形式也有价值。伏尔泰和百科全书派人士使用某种刻意的形式表达了当时法国上流社会的真情实感，并赋予其以全新的活力。对于马克思，也必须予以类似的评价。

目前，上层阶级的软弱无疑是人道主义思潮泛滥的主要原因，也许还是宗教思潮流行的主要原因；但是，人道主义情绪也会发挥反作用，并成为统治阶级愈发软弱、缺乏活力的病因。另一方面，革命的社会主义者的行动方式最适合给这些精疲力竭的身体注入一些能量。

对法国资产阶级来说，朱尔斯·盖斯德①领导的内阁反而要比瓦尔德克—卢梭内阁更加安全。在德国，基督教社会主义是大众社会主义的极佳试炼。一般来说，人道主义者、感情用事者乃至传统卫道士都是如今精英阶层最可怕的敌人，也是未来精英最贴心的朋友。

未来的社会变革，总是会存在某种未知的因素，可能会导致文明国家之间陷入长时间的战争。这可能会影响一些欧洲国家，造成军事独裁的局面。但是，我们还无法认识到此类独裁政权和新的精英阶层之间到底会是何种关系。仅凭主观现象的运动作出判断的人，可能会相信军事独裁对现在的精英阶层有利，但主要关注客观现象的人，无疑不会接受这种假设。

今天，想要言之凿凿地讨论这一切，相当困难。雾里看花般，我们能够察觉到一个精英阶层衰败与另一个精英阶层兴起的宏大景象，虽然几乎无法在客观形式上清晰地认识，但其确确实实展现在我们眼前。而我们，则无须徒劳地试图揭开遮掩在未来之上的那层薄纱。

---

① 朱尔斯·盖斯德（Jules Guesde，1845—1922），法国社会主义政治人物。

注 释

[1] 甚至没有必要举现代的例子；只要例子中蕴含某些现代的信仰足矣。因此，在谈及君士坦丁大帝皈依基督时，法国历史学者布瓦西埃（Boissier）才敢断言："因此，史学者尤西比乌斯（Eusebius）叙述的前半部分很有可能……至于另一部分，即幽灵和幻梦，我不发表任何评论；这些奇迹般的事件免不了遭遇批评，也不属于历史的范畴。只要乐意，大可以相信尤西比乌所记载的事实为真；在这种情况下，我们恐怕面对的就是真正的神迹……"（*La fin du paganism*，1. p. 39）当某位作者讲述寓言或奇迹时，历史学者必须谦卑地保持沉默，因为"无法对此类事件加以批评，无法将其纳入适当的历史范畴"！

但如果不能质疑君士坦丁大帝所感知到的奇迹幻影，为什么要让我们怀疑，当希腊战船在萨拉米斯海战中撤退时，出现了一位女性幽灵，并告诫希腊人："你们这群可怜虫，要拖多久才能把船弄走？"就我而言，看不出任何理由应该更相信希罗多德而非尤西比乌斯；布瓦西埃所主张的批判在这里并不适用，没有办法使我相信，总体而言，前者所讲述的故事比后者更高明。

[2]这一领域的相关文献，参见 Prof. G. Renard, *La methode scientifique de l' Histoire littéraire*, Pairs 1900。

[3]Friedlander, Ludwig, *Sittengeschichte Roms*, and ed. (Cologne: Phaidon, 1957). 最初版本的名称为 *Darstellungen aus der Sittengeschichte Roms*... 法译本参见 *Civilisation et moeurs romaines*, by Vogel；英译本参见 *Roman Life and Manners under the Early Empire*, translation of the 7th and enlarged edition (London: Routledge & Sons, Ltd, 1908 13). 下列注释引自 T. H. Freese, Vol. 3, p. 90。

十八世纪出现的反基督教思潮盛极而衰，被后续在文明世界势不可挡的另一股强大思潮取而代之。同样，在古希腊、古罗马，我们根据相关文献记载发现，起初占据主导地位的信仰，被后续出现的积极信仰所取代，后者在同一个受众群体中逐渐占据上风。同时，信仰本身在许多方面不断退化为渴望奇迹发生、虔诚且狂热的粗俗迷信。

[4] Also Duruy, Victor, *Histoire des romains depuis les tempe les plus reculés* (Paris: Hachette et Cie., 1870 79), Vol. V, p. 702: "在撰写基督教的历史时，作者可谓一叶障目；他完全没有注意到异教徒社会中发生的伟大的复兴过程。"

[5] D'orbigny, Alcide, *L'homme américain (de l'Amérique Méridionale)*, *considéré sous ses rapports physiologiques et moraux* (Paris: Pitois Levrault, 1889).

[6] Maury, Louis Ferdinand Alfred, *La magie et l'astrologie dans Tantiquité et au moyen âge*, *ou étude sur les superstitions pai ennes qui se sont pérpetuées jusqu'a nos jours*, *srd ed. rev. and cor.* (Paris: Didier et Cie., 1860), p. 158.

[7] Maury, op. cit, p. 168.

[8] Montesquieu, Charles Louis de Secondat, Baron de la Brede et de, *Lettres* Persanes (Paris: Hachette et Cie., 1918), CXXXIV.

[9] Pantaleoni, " Il secolo ventesimo secundo un individualist, " Flegrea, April 20, 1900.

[10] Pantaleoni, *In Journal des Economistes*, May 1900.

[11] 1759 年，伏尔泰的挚友达根森（d'argenson）写道："追求自由、反对君主的哲学之风正在吹拂；已然融入公众的精神世界，也许这就是人们在心中早已勾勒出的统治方式，一有机 105

会就会付诸实施。也许反对这场革命的声音远低于人们的预期，将会得到鼓掌欢迎。

[12] 德国历史学者尼布尔将爱尔兰人与古罗马人加以比较，在谈及前者时表示，"穷人的痛苦和绝望是其领导者最有力的武器，但如果前者不在法律意义上整合为一体，他们的抱怨就不会得到任何理睬。"

[13] 德赫姆（Deherme）曾在其所创办的杂志《思想的合作》（*Coopération des Idées*）上公开撰文指出："对于以团结之名实施的愚蠢行为的评价，需要参考曾经为基督教盲目殉道的信徒。"在意大利的莫利内拉（Molinella），罢工者扔掉了圣徒和圣母的画像，用马克思和革命艺术家普兰波利尼（Prampolini）的画像取而代之。

[14] 在这里仅举一例："琼浆啊，玉液，他们没有像应该的那样，果断地对你发动一场战争，直到战至全军覆没。他们恨你，他们怕你，至少他们是这么说的，但他们不愿意取缔你。然而，你首先污染了纯洁的魂灵，腐蚀了圣洁的内心，你把人吸引到你的身边，蛊惑（指代喝酒，多么美丽的诗歌修辞!）他们，然后将他们彻底毁掉。我们当中的很大一部分人，如行尸走肉般孑孓前行，吱呀作响着蹒入地狱。但在此之前，他们还是要再喝上一杯穿肠毒药，任由其蚀骨烂髓。"最后几句或许有些压

抑阴暗，但主要是用来营造诗歌的表达效果。

人之不幸，十有八九是酗酒之祸［不知道从哪得出这一统计数字］，四分之三的犯罪［准确到有些愚蠢的刑事统计］亦由醉酒引起，酒精酿成了无数的可怜人。他们贫困、野蛮、多病、早衰；酒精是邪恶的，导致家破人亡，妻离子散。酒精活该被诅咒、被憎恶，每个人都应该反之而后快［听起来像不像信教者针对异教徒的论调?］但这一切并没有发生。太多太多医生，在治疗酗酒的同时，却开出药酒的处方，这无异于在无意识地宣传饮酒的功效［法语中很少使用愚蠢一词形容有教养的人：显然，仅仅喝水不足以保证这些人用词文明得体］。这句华丽的反语，简单来说就是饮鸩止渴……实在太荒谬。

在一个拥有值得尊重的科学者的社会，却发表了一份通告，内容如下："……酒精尤其损害大脑的毒药……哪怕喝上几口，都将不可忽视地延迟了人类的思维过程；这一点得到了克莱普林（Kraeplin）、史密斯（Smith）、弗勒（Furer）等人作品的验证……"如此说来，嗜饮啤酒的俾斯麦可能会因此变得思维迟钝；同样，拿破仑一世、克伦威尔、恺撒、苏格拉底、维吉尔、霍勒斯（Horace）等都成了白痴。更有甚至，几乎所有我们眼中的伟人也必须如此，因为据知很少有人只喝水不饮酒。天才应该滴酒不沾——如果饮酒者还这么认为，可能只是因为他们的脑子太慢所致。

我们列举了这些例子，非常容易被拿来上纲上线，以表明这些人希望打击的不仅仅是酗酒行为（我们大家都同意这一点），甚至还包括最为适量的饮用；其中，还可以解读出某些宗教和宗派的情感。

[15]勒南在谈及作为基督教竞争对手之一的密特拉教时曾说："该教的教堂和基督教会很像。为新成员营造出手足之情。我们已经说过不下二十遍了，这是当时人们最大的需要。人们希望在那里举行集会，互爱、互助、互相监督，同时为幼稚虚荣的犹太教徒（毕竟人无完人）提供一个休憩之所。"我们今天还会遇到同样的事情。一个以环境卫生为借口宣扬愚蠢原则的办事员会自命不凡地认为自己是个大人物。有些牧师或神父则大吐苦水，指责教区信众为了参加戒酒者协会或其他的道德协会而不再来教堂礼拜。参见 Renan, *Ernest*, *Marc Aurele*, *in Eures completes*（Paris：Calmann levy, 1947 58），Vol V（1953）.

[16]*Ibid.*，"号称禁欲的恩格拉特派（the Encratites）所假装的清白，通常不过是一种无意识的欺诈……圣聂勒（Saint Neree）、圣亚基略（Saint Achillee）等圣人的故事多少有些滑稽造作……从来没有人像现在这样追求纯洁；再也没有比现在更加天真无邪地谈婚论嫁了……怕老婆的男人通常最爱自己的妻子。

对于禁欲主义者来说，下面这句话屡试不爽：'你注定很轻易就会失败'（Fallit te incautum pietas tua）。"

[17]类似的愚蠢行径在各个国家都不罕见。有些人以折磨自己和他人为乐。对此，只需要读一下巴克尔（Buckle）笔下刻画的苏格兰长老会的神职人员即可，顺便说一句，他们和现代的苦行僧一样，也坚持民主。根据他们的准则，所有的自然情感，所有的社会乐趣，所有的休闲娱乐，所有人类内心的快乐本能，都无比罪恶……任何关于美的想法都是不合适的，或者说，根本就不存在什么真正的美。世界上有什么值得一看的？除了苏格兰教会这个世上最美丽、最无与伦比的存在之外，没有任何值得眷恋的净土（如今的苏格兰教会，仅仅是团结的代名词）……礼拜日，从一个城市游荡到另一个城市是罪恶的。礼拜日，走亲访友，给果园浇水，刮胡剃须，都是罪恶的（今天，甚至法律也牵扯其中：在某些社群，如果其成员在做礼拜时因为口渴不得不离开教堂外出寻口水喝，都必须面对一场诉讼）。贫穷，肮脏，愁眉苦脸，唉声叹气……简言之，经常性地忍受折磨，成为圣洁的标志；相反，是不敬的叹息。

很久以前，僧侣们就把这种癫狂状态发挥到了极致。正如吉本（Gibbon）所言："快乐和犯罪在僧侣的习语中是同义词"，而其对于现代的禁欲者来说依然如此。

^{18} 在众多的案例中，只需谈及发生在本书即将付梓之际的如下案例即可：

1900 年 7 月 18 日，《前进报》报道了社会党内部的一场辩论："社会党的地方支部召开第十一次代表大会期间，以无记名投票的方式，一致同意将两兄弟开除出党……弟弟乙遭到开除的理由是此前曾向社会党提出过两项质疑……同时坚持作为一名社会主义者拥有以骑士精神解决个人分歧的权利。哥哥甲遭到除名则是因为他宣称完全支持自己的弟弟……还毫不避讳地向几名同志承认自己支持决斗立场。"该报充分利用常理评论道："就因为和弟弟持有共同的理念，就因为'具有决斗的倾向'，而被开除出党。在我们看来，这一切似乎意味着对政党应然状态的错误观念……否则，你今天将在党的质询过程中规定社会主义者不得决斗，明天其他人就可能要求认定社会主义者不得饮酒，后天要求社会主义者不得在教堂结婚，以此类推，直到个人生活的所有领域都会被党的立法所侵入。我们相信，通过这种方式，政党将被改造为一种教派或教会秩序体系。"

然而党派成员不肯罢休。相关改革也被提上了日程。7 月 30 日《前进报》报道称，比萨地区支部审议了开除三名"同志"的问题，他们因公开反对该支部的另外一项审议而受到指控。遭到开除的"同志"中还有一名《前进报》的通信员。他像一名普通的资产阶级那样被扫地出门，此前为党所做的工作也宣告归零。总有一天，我们也许会看到对社会主义者进行宗教审判。

[19] 例如，如果一个从大西洋彼岸来的年轻女孩，和一位出身上流社会、正直高贵、富有修养的年轻女士，在一次会议上公开讨论人工授精的问题。后者宣称：一方面，人工授精程序从爱中去除了感官愉悦的实质部分，涉及道德问题；另一方面，人工授精又最为实用，为改善人种提供了替代手段。对此，意大利人不要太过惊讶，毕竟这是一个真实的故事。

《纯粹学前教育》（*L'École de la pureté*）一书得到了美学者和道德家的大力追捧，并被推荐给少女读者。此举的出发点虽然崇高，但相关论证颇为特异，除非只考虑结果不考虑手段，否则很难接受。

[20] 1900 年 3 月 12 日的《前进报》很好地记述了法国的社会主义形式问题："在'德雷福斯事件'期间，法国艺术界为争取民主自由进行勇敢的斗争，非但没有敬而远之，反而继续向激进的极端主义者伸出援手。阿纳托尔·法朗士（Anatole France）、奥克塔夫·米尔博（Octave Mirbeau）、莫里斯·布乔（Maurice Bouchor）、劳伦特·泰尔哈德（Laurent Tailhade）、保罗·亚当（Paul Adam）以及卡米尔·莫克尔（Camille Mau-

clair）等文化名人，乐于将自己的名字与最激烈的革命鼓动者、社会主义者和无政府主义者联系起来……巴雷斯（Barres）和莱迈特（Lemaitre）在'德雷福斯事件'中也站在劳工一边，殚精竭虑为劳工辩护。当时法国文学的主要特色，便是重点反对资产阶级。"[重点由本人所加；这样的描述大体正确。各位读者应该注意到，反对资产阶级的书，由资产阶级印刷，由资产阶级购买。我们稍后再谈这一点。]"法国艺术界不仅毅然进入社会斗争的角力，而且刻意承担起为卑微和贫穷者辩护的重任，传统的宗教和政治道德受到严厉的挑战；所有的胆大妄为以及危机初期所有的不安，找到了一个宣泄的出口，得到了最杰出的作家的呼应。在晚近朝气蓬勃的法国文学作品中，我们不自觉地发现了由十八世纪的法国作家无意间所表现出来的使命感：那些散发着艺术的光辉，但对现实秩序具有破坏力的革命思想逡巡不去……以米尔博为代表的思想和人物给人的第一印象就是世界末日即将到来。这个世界的情况只会越来越糟。"

"……保罗·亚当也是一个无政府主义者，卖力鼓吹通过革命解放受压迫的人们的必要性……他对所有受压迫者抱持无限的爱心。在温柔地同情那些孤独和贫穷的女人所遭受的一切苦难的同时，他是唯一蔑视那些卑鄙的家伙并发出仇恨的呐喊的人。这些卑鄙的家伙对命运逆来顺受，向富人摇尾乞怜，伸手的唯一目的就是每周领取固定的薪水。"［亚当遇害时，"富有而可憎的资产阶级购买他的著作，而这又为其出版发行提供了理由，并且在某种程度上成为了可怕罪行的帮凶。"］"但即使不考虑鼓吹叛乱的文学作品，现代法国文学的反资产阶级和创新倾向也变得十分明显。谁能用比马塞尔·普雷沃斯特（Marcel Prévost）更加残酷的笔触描写家庭关系……整体上，文学作品充斥着一种暴力的精神，蔑视一切传统的、古老的或由权威建立的存在，所有建立在法典之上的架构，所有得到警察或治安官批准的事务。"在这里，作者只看到了问题的一面。当我们谈到像布鲁内蒂埃这样希望恢复旧宗教形式的作家时，我们发现他们对各种问题都同样不屑一顾。"民族主义者"、反犹太主义者等也是如此。无论何时何地，他们都在互相争吵，这是宗派主义者的习惯。

作者非常恰当地补充说："这种文学作品是根据巴黎强加给文人的条件来解释的。毕竟……文学创作和其他行当一样都是生意。在意大利，作家这个职业并不存在；但在法国的确存在这一群体。"不过，作者欲说还休，虽然结论非常重要，这门生意所依赖的主要消费者，恰恰就是出版这些作品并在其中受尽责骂的资产阶级。

[21] Faye, *Herve*, *Sur origine du monde*（Paris：Gauthier villars

1884), p. 24.

[22] 作者的诡辩在于：我们所有的理论都是假设的，我们对任何东西都缺乏绝对的认知，这一点无疑千真万确。因此，牛顿理论是与托勒密（Ptolemy）体系或赫西俄德（Hesiod）神性学说相似的假说，这一点无疑千真万确。但这并不意味着在各种各样的假说中，没有一种假说是科学上可为其他假说所取代的。"有人问，从现代科学的角度来看，说某颗恒星围绕另一颗恒星旋转，或者做相反的阐释，并没有什么区别，上述报告的作者回答，只要仅处理现象，依据的是系统描述或运动学解释，就真的不重要了。"实际上，如果一个人沿着街道走，从运动学的观点来看，我们可以假设：（1）沿街的房子是静止的，这个人是移动的；（2）相反，这个人站着不动，房子在动。第二种假设有时会被醉汉采纳，但到目前为止，还没有人听说过一个人会接受这样的理论。当然，如果机车沿着铁轨运行，从运动学的角度，可以概括为：（1）机车运动，铁轨静止；（2）相反，火车头静止不动，轨道移动。这显然是在嘲讽，但影射的是不管遵循何种假设都可以很好地解释火车头运动。

作者并没有试图解释如果勒维耶（Le Verrier）遵循托勒密的假设，就会提早发现海王星。

[23] Lattanzio, L Cecilio, *Divinarum inttitutionum liber*（Torino：

Sale Siana, 1889）, VI, p. 19.

24 *Ibid*, p. 84.

25 众所周知，早在君士坦丁大帝统治之前，就有基督徒倾心于帝国。参见 Renan, *op. cit*。"我们已经目睹了梅利都主教（Melito）在推进帝国发展方面所做出的最奇怪的建议，即选择帝国作为真理的保护者。在《申辩书》（*Apology*）中，这些提议显得更加突出。"梅利都为瑙曼打开了一扇大门。他告诉罗马皇帝马可·奥勒留，对帝国来说，基督教诞生的那一刻意味着幸运的降临。事实上，从那一刻起，马可·奥勒留和他的儿子就成为无比庞大的罗马帝国权力的真正继承人。后来，勒南表示，"对帝国的极端尊重，甚至阿谀奉承，成为雅典哥拉（Athenagoras）和所有护教者的性格"，并且进一步说："基督教和帝国之间的仇恨是有朝一日注定相爱的人之间的仇恨。教会的语言仍然是罗马安敦尼王朝皇帝们的语言，哀怨而温柔。"这正是我们今天在德国开始看到的情况。

26 在德国，人们可以引用崇拜俾斯麦的拉萨尔（Lasalle），或曾经的社会主义者、现在效忠于德意志帝国的米克尔（Miquel）的观点。但后面的例子是无效的，因为米克尔只是简单地放弃了此前的信仰，当然可以被认为是一种诚信的表现。

27 Anonymous, Anth. Planud, 《*Elρ ή νη πάντεσσιν*》,

ἐπίσκοπος εἶπεν ἐπελθών. Πῶς δύναται πάσιν, ἣν μόνος ἔνδον ἔχει.

²⁸ 事实上，这一切早已显露端倪。某人觊觎别人的钱，想空手套白狼，用滚雪球的方式依靠别人的资本获取私利，曾发表过如下公开信："只要还有人缺衣少食，就不能容忍多吃多占。正是这些伟大的原则使我们为工人阶级，即人类不平等的受害者提供一套产品组合，能够让其在不花费一分钱的情况下，无偿地获得男女老少理应享有的一切福祉。我们是——而且将永远是——穷人的朋友，仅此而已。我们向工人们推荐我们的特殊产品组合，一句话，向所有理解其人道主义目的的工人们推荐，多亏了这一富有成果的互惠理念的巧妙应用，我们在这里拥有了所有能带来幸福的东西。而到目前为止，只有享有特权的民主阶级才能获得幸福。"参见 *Le Siècle* of July 20, 1900。

在作者收集的材料中，还发现了一封裁缝的公开信，他要求人们——包括被资本家剥削的工人以及作为犹太人和大百货商店受害者的诚实的商人——"以团结的名义"，向他购买西装。

²⁹ Duruy, *op, cit*, IV, p.522, 在讲述尼禄统治下贵族阴谋家的懦弱时，他补充道："这些骄傲的共和派人士面对酷刑时毫无勇气可言，他们失去了所有的尊严，为了挽救自己的生命，宁

113

愿把自己的亲朋好友交给了刽子手。琉善控告自己无辜母亲时，难道不是和尼禄一样是个杀人犯吗？专制和腐败在那些看似宁折不弯的灵魂中注入了多少懦弱，世风日下究竟到了何种地步。"

最后几句话只是在宣泄情绪。如果贵族是懦弱的，人民就会表现出勇气。杜鲁伊（Duruy）自己也承认："就连一个女人，一个官妓，都能让这些不足挂齿的罗马人汗颜……兵士们也展示出一些传统美德。"

披索（Piso）选择的死法是切断两臂的脉管。他的遗嘱里充满了谄媚尼禄的令人作呕的词句。（Turici, sumptibus ac typis Orellii Fues. slini et Sociorum, 1859, Liber XV, Cap. 59, p. 531）：另一方面，百夫长苏布里乌斯却敢公然指责尼禄的罪行。当行刑的人要他把脖子伸直不要动的时候，苏布里乌斯说："我只希望你下刀时也同样地干脆！"（idem, Cap. 67, p. 587）有谁看不出其中高下立判：旧贵族即将灭亡，新贵族正在诞生。

"强力的教育压抑，让本已衰弱的本能力量每况愈下。他们（法国绅士）在面临死亡时，不会经历血腥和愤怒的反应，不会经历普遍而突然的回光返照，不会经历凶残的困兽犹斗，不会经历对袭击自己的人发动的盲目而不可抗拒的反抗需要。如果这样的绅士在自己的家中遭遇雅各宾派的逮捕，我们永远不会发现他会因此弄得头破血流。"（注：下面这个例子，足以证明对于一个背水一战的勇武之徒来说，抵抗并非毫无可能。'一位居住在马赛乡间自宅里的绅士面临缉捕，他为自己配备了火枪和军刀，没有武器就从不出门，扬言不会束手就擒。没有人敢对他执行逮捕令。'）他们毫不抵抗、束手就擒，坦然地步入监狱；作为这个社会中有教养的人，最重要的是保持自己的本色，而不是困兽犹斗。他们在囚车上，在法官面前保持着尊严，面带微笑；尤其是那些女人，仿佛奔赴晚宴般优雅平静地走上断头台。"Taine, *L' anc. reg.*, p. 219, translation into English by John Durand（New York：Henry Holt, 1876, Ch：II, p. 169）。

114

泰纳比杜鲁伊更接近事实，但仍然没有完全一语中的。剥夺他们积极的勇气的不仅仅是教育，而是各种情况综合适用的结果，其中包括他们愚蠢的感情用事。同理，今天的资产阶级，在他们的讲话和著作中，对于敌人行奉承之能事，对于贫苦贱民卑躬屈膝，等到脖子被套上绞索，也将任由自己遭受掠夺杀害而不做丝毫抵抗。

[30] 西拉诺没有乖乖地在那里束手就擒，他尽力赤手空拳地加以抗拒，直到他遍体鳞伤，死在百夫长的刀下，就像在战场上阵亡那样。（Tacitus, *op. cit*, Liber XVI, Cap. 9）。

[31] *La cong. Jacob*, p. 240.

[32] *Ibid*, p. 242.

[33] "每个人的情况都得到了改善，解放受苦受难者，成为普遍关注的问题……残暴的罗马贵族正在被由诚实的善人组成的地方贵族所取代。古代世界的力量和优势正在丧失［千真万确；一旦原动力消失，统治的正当性又是什么?］人们变得善良，温柔，耐心，人性［一句话，软弱；只有放弃，把舞台留给强者才是正道］。无独有偶，社会主义思想正是利用这种宽宏的背景，闪亮登场。" Renan, *op. cit*, p. 396.

[34] 面对新兴蛮族这个敌人，他们一味媾和，行为通过漫长的谈判苟延残喘，但这只会让对方的领导得寸进尺，激起他们的蔑视。Le Bon, *Psych du soc.*, p. 884.

[35] 在他最新做出的一项判决中，涉及证人作伪证。他说："请注意，在实施可恶的伪证行为时，作伪证者在明知的情况下，受到利益驱使，成为其他家庭特别是其他个人的工具，而收买者会发现，因为有钱，可以玩弄正义于股掌之间，根本不需要考虑履行义务等问题（根据当地市长的说法，遗产争夺源自德国于 1870 年至 1871 年的入侵）……"

从法律上讲，关于遗产起源的影射是如何进入到审判程序的? 这个起源，顺便说一句，没有被证实，只是被当成道听途说，也就是说和证人是否腐败的事实之间有什么关系？对此，裁判官本来应当不予考虑。但必须指出的是，所谓虚假的证词本来指的是诱供。因此，我们这里看到的不是判决，而是一幕舞台剧。一方是叛徒、暴君，他们的每一句话和每一个行动都是犯罪，为了完成这幅图画，法官还向人们展示了他是通过背叛国家而获得的遗产；另一方是一只无辜的、被迫害的鸽子，这位可怜的被告身上，一切都散发着至高无上的美德光环。

这位法官即将主持在巴黎召开的"人权代表大会"（the Congrès de l'humanité）。无疑，在那里更加适合他发表此类高谈阔论。

[36]萨维米尼（Salvemini）指出，在佛罗伦萨，大亨因为对工人犯下造成流血伤害的严重罪行而被处以加倍惩罚；其他案件甚至还会对凶手处以五倍甚至六倍罚款。在十三世纪初制定的《奥维托人民宪章》（People's Charter of Orvieto）中，也有这样一条通则：对雇佣工人的贵族的惩罚比一般情况下的惩罚高出一倍；1308 年，在卢卡共和国，对某些罪行的惩罚是双倍的，对其他罪行的惩罚是三倍甚至四到五倍"。"当工人控告大亨时，法官不能轻易地为他开脱，因为这样一来就被指控偏袒大亨……因此总是做出有罪的判决，总是对受害方或自称受害方有利。"这正是某些仲裁法院或人民直接或间接选出普通法官的

法院所发生的情况。其中一位法官为自己认为不公正的决定道

歉，他说："我不能伤害我所属的政党，也不能对那些选举我的

人忘恩负义。"Salvemini，G.（*Magnati e popolari in Firenze dal*

1280 al 1295，p. 178）。

　　萨维米尼接着指出："因此，大亨们抱怨，'奔跑的马儿甩

起尾巴撞工人的脸；或者，在拥挤的人群中毫无恶意地碰到了

工人的胸部；或者小孩子之间的口角，这些小事真的就构成了

犯罪吗？'"对于法律的解读问题，可参见 Neri Strinati，*Croni-*

chetta，p. 122 *et seg*。1294 年，尼瑞（Neri）为"斯卡利公司"

（Scali Company）的兰贝托·西普里亚尼（Lamberto Cipriani）

先生争取保释，此人因为拖欠 550 英镑而被关入债务监狱。他

还有五位合伙人，其中两名是工人。由于债务人的过失，担保

人不得不付款，两个工人中有一个死了，另一个拒绝付款，西

普里亚尼给出的理由是，因为他和另外一位担保人布鲁内莱斯

基（Brunelleschi）是有产的所谓大亨，无法对两个工人，即孔

内（Gone）和加索（Goso）的继承人提起诉讼，"他们是人民

的……人民颁布了针对有产者的法令。"在过去，至少受害者还

会抱怨。现在他们沉默了。我知道更多的事实，但由于缺乏勇

气，不能在这里一一列举。而缺乏勇气，恰恰就是那些面对不

公不义的受害人的特点，他们害怕这抱怨本身就会被认为是一

个新的罪证。

[37] 如果说罗马和法国一样腐败，那么相较于罗马元老院议员，法国骑士更是有过之而无不及，"司法权把骑士提升到了主人的地位，把元老院议员降到了臣民的地位。新的法官们和所谓人民的代表一起投票决定自己想要的东西（这正是现在发生的事情）。他们不满足于局限于政治。在法庭上，就像现在的仲裁者对资产阶级所作的那样，他们公然做出不公正的裁决。他们对腐败习以为常，一尝到巨额收益的快感，他们就以更加可耻的态度对待当年的法官。"Belot, Hist. *des chev*, rom, II, p. 838.

117　　[38] 此人名叫维克多·布尔曼（Victor Buurmans）。他在库尔贝沃（Courbevoie）被一位女性暗杀，杀手为了接近他，把自己伪装成一个男人。审判过程中，宣读了伊莱西·雷库斯（Elisee Reclus）的一封信，后来发表于 1900 年 4 月 13 日的《费加罗报》。这位著名的地理学者、乌托邦信徒在信中说："我经常在布尔曼家里看到他；我一直钦佩他对妻子的善良、温柔、高贵的态度，以及有机会提起她时所表现出的庄重、矜持。在他决定动笔起草离婚协议之前，从未向朋友们解释过放弃婚姻生活的原因，他的痛苦一定达到了顶点。"

《费加罗报》评论称："正值盛年的维克多·布尔曼，37 年前冒天下之大不韪迎娶了从良的妻子，这位人道主义哲学者梦想着拯救伊丽莎（Elisa），使她免于继续受辱……"

[39] 勒庞所言极是，"并不是像今天这样，用最谦卑的态度谄媚他们（大众），就能成功请君入瓮。大众对那些阿谀奉承者不屑一顾，理所当然地表达蔑视，并且随着奉承者变本加厉，大众的需求随之水涨船高。"

勒庞继续写道："如果无产阶级能够对自己的逻辑有所反思，就不必再需要这些巧言令色之辈；这些家伙对无产阶级比东方暴君的朝臣更为奴性，无时无刻不在提醒无产阶级那些虚幻的权利。" G. Le Bon, *op. cit*, p. 475.

勒庞对社会主义的评价不无正确之处；然而，作为某种人类学意义上爱国主义宗教的忠实信徒，他说话时充满了信徒的热情。他之所以反对社会主义，仅仅将其视为一个对立的宗教。这就有点像是朱利安大帝因为信奉其他宗教，而非作为自由的思想者反对基督教。

[40] 为什么要在前人的神来之笔上画蛇添足呢？本人更愿意在这里引用阿里斯托芬（Aristophanes）的名作《骑士》（*The Knights*）中的几句（translated by Benjamin Bickle Rogers, *Great Books of the Western World*, Vol. V, p. 479, lines773-78, 906-911）。

帕弗拉工：德谟斯啊，哪里有一个公民比我更爱你？首先，118我替你管家的时候，曾经收集了多少钱财放进你的宝库里。有一些人逼着我要，有一些人掐着我的脖子敲，还有一些我就向他们讨，只要能够讨你喜欢，我可不顾别人的非议。

腊肠贩：德谟斯，这没有什么了不起，我也可以替你办到，还要把别人的面包抢来献给你就是……

腊肠贩：我给你一瓶膏药，抹在你的腿疮上。

腊肠贩送一瓶膏药给德谟斯。

帕弗拉工：我要把你的白头发拔掉，使你返老还童。

腊肠贩：这儿，请接受这一条兔子尾巴，揩揩你的眼屎。

腊肠贩给德谟斯一条兔子尾巴。

帕弗拉工：德谟斯，你揩了鼻涕，就在我头上揩揩手指头。

腊肠贩：在我头上，在我头上揩！

[41] 奥格尔德（Augeard）说："法国财政总监卡洛讷（M de Calonne）一走马上任，就搞到了一笔 1 亿法郎的贷款，其中四分之一从未存入王室国库；剩下的也被朝堂之上的这群人瓜分殆尽。他交给阿托瓦伯爵（the Count of Artois）的赃款估计足有 5600 万，其他人见者有份，拿走了 2500 万，等等。"Ch. Gomel, *Les derniers receveurs generaux*, p. 155。"他对朝臣极为慷慨；从不拒绝他人要钱的要求；经济上的帮助似乎一点也没有让他自己付出任何代价……依旧挥金如土；一位王子后来说：'看到每个人都伸手要钱后，我也俯首摘帽，提出了请求。'数

以百万计的法郎就这样分给了所有向财政总监卡洛讷示好者，有时他还主动撒钱……因为战争结束，商业繁荣，卡洛讷的挥霍行为非但没有引起人们的惊讶或责怪，反而被普遍认为是国家资源充足的证明。"同样的事情也发生在其他时间和其他国家。

更有甚者，"为了迫使其他巨头就范，他很快开始进行实物收购或其他交易，并在评估中表现出极为通融的态度：他批准相关交易行为的目的实际上不是为了扩大或充盈王室财政，而是为了满足卖家和交易所的要求……这本小册子宣称，财政部长被彻底收买。但这一指控遭到卡洛讷的愤怒否认，认为其毫无根据。"其他部长也可以作类似表态，他们慷慨地分配关税或银行方面的好处，但自己却很少或根本没有得到获益。顺便说一句，经常发生的情况是，无论多么腐败的阶层，或多或少都有诚实的大臣为他们服务。

[42] 读者应该记住，这里讨论的是相互依赖，而不是简单的因果关系。

[43] Rousiers, Paul de, *Le trade unionisme en Angleterre* (Paris: A. Colin et Cit, 1913), p. 39.

[44] *Ibid*, p. 948.

[45] *Ibid.*, pp. 40, 41.

[46] 也有一些次要的现象不容忽视。例如，法国如今有一种习惯，即通过指控"无政府主义者"来为罢工后发生的暴力和不当行为寻找托辞。换言之，新兴精英把新无产阶级当成替罪羊。《费加罗报》（*Figaro*）这份自米勒兰就任总理以来就偏向社会主义的英国报纸，6 月 5 日出版的内容如下：索恩河畔沙隆的骚乱揭露的事实，亟待做出专门调查。不能把几乎演变成为血腥骚乱的无序状态归因于罢工工人身上。[而谁又是坏蛋，谁能想到那些完美无瑕的人会如此行事呢？] 免除罢工者的责任才是公平的：恰恰相反，罪魁祸首是无政府主义者 [最好记住，在其他时候他们被称为恶棍，现在则被称为无政府主义者] ……这些为非作歹之徒到达本省，大约有 300 多人，他们举行秘密集会，煽动罢工 [最好不要谈及各种秘辛，否则报道此事的记者就会导致内线暴露]，正是他们的突然插手，才使得使这座工业重镇陷入混乱。

[47] Rousiers, Paul de, *op. cit*, pp. 91, 92.

[48] 杨森（Janssen）引用了当时的一首流行歌谣："长久以来，生活务必轻松舒适，突然，有人拒缴'什一税'，他们想分财产，但惩罚很快降临……这便是歌谣的结尾，哦，野蛮的暴政，哦，上帝，赐我们以和平。"另一首歌谣则咏叹："他们告诉我们：你会变得富有，你会幸福和荣耀；他们欺骗我们，

答应给我们各色物品。我们变富了吗？愿上帝怜悯。我们已经没有什么可以失去。现在我们还是穷人。"

49 在罗马，骑士们通过篡夺司法权，把自己的地位提升到参议员之上，因此这种办法对"贫穷的贱民"几乎毫无用处。西西里的狄奥多罗斯（Diodorus Siculus）讲述了穆修斯·斯喀埃沃拉（Q. Mucius Scaevola）和他的特使鲁提留斯·鲁弗斯（P. Rutilius Rufus），他们采取措施遏制了贪婪的亚洲属地税收官员在骑士的为虎作伥下对于人民的横征暴敛。骑士们则诬陷诚实正直的鲁提留斯。"斯喀埃沃拉说，罗马时代的骑士阶层（在之前苏拉统治的时代就被赋予审判权）在行省征收的税额是罗马城邦所不知晓的，他们与行省总督合谋，以莫须有的罪名控告鲁提留斯·鲁弗斯。"参见 Asconius, *In divinat*, 17。

50 Pedianus, Quintus II, 3：uint 2 894.

51 Le Bon, *op* cit, p. 856.

52 *Ibid*, pp. 389, 891.

53 勒庞所言极是："目前的社会主义形式，更像是一种精神信仰，而不是一种学说原则。令其如此危险的原因，不在于对人民的精神所产生的迄今为止非常微弱的改变，而在于对统治阶级的精神已经造成的显著修正。"（*Ibid*. p. 461.）

意大利的议会体制

11   通过引入比较方法，生理学和解剖学研究取得了显著进展。甚至可以断言，不通过与其他动物进行比较，就不可能理解人类生理学和解剖学。针对作为有机体的"社会生理学"适用类似的研究方法，也会产生同样重要的结果。正是借由比较文明社会和野蛮社会，当代社会学者秉持亚里士多德以降通行至今的政治归纳法，为这门在二十世纪取得显著的进步的全新科学奠定了基础。将上述方法适用于社会组织细节的研究，同样成果丰硕。对此，莱昂·多纳特（M. Léon Donat）在其有关实验政治学的著述中理解得相当透彻；也许就在不远的将来，归纳法便可在政治科学中获得与其在物理科学中同样的绝对主导地位。在作者看来，正是从这一角度出发，意

12   大利议会制的治理效果才尤为值得研究。但只有将意大利的特殊国情所导致的政治现象与其他地方可能同样存在的一般原因所导致的政治现象区分开来，才有望产生普遍有效且富有价值的考察结果。

考察意大利政治社会状况的研究者主要关注两个事实。首先，表面上显露无遗的是，这个国家几乎毫无政党可言。其次，深入探究后才会体悟的是，意大利的国

家职能严重扩张，几乎让公民的私人主动性和经济独立性无处安身。

一

说到党派，名义上固然是存在的；但是，林林总总的政党名号，只不过是用来指代严格服务于个人利益或一时投契纠集在一起的群体符号。至于这些形式上的政党对意大利所面临的政治、社会问题的态度，并不存在任何真正的区别。上述铁律如有例外，当数极端主义者；但其人数甚微。根本而言，存在三大主张极端路线的政治派别，而其中唯一真正活跃者，非"社会党"（Social-ists Party）莫属。"共和党"（Republican Party）始终在自己的保守立场上故步自封，至于"教士党"（Clerical Party），已然在政治舞台上销声匿迹。

在意大利，并存两条社会主义路线：一种是本土的农业社会主义，另一种则是单纯照搬法国，甚至德国思潮的工业社会主义。后者在意大利最为重要的工业城市米兰占据上风；在都灵、斯佩齐亚和热那亚等其他工业中心，也有一些追随者。该党领袖图拉蒂①律师作为米兰本地人，在老家出版了两份社会主义倾向的报纸——一份名为《社会批判》（*Critica Sociale*）的评论，以及一份名为《阶级斗争》（*Lota di Classe*）的小型周报。周报的名称，足以表明该党总体上承袭了卡尔·马克思的观点。图拉蒂天资聪颖、消息灵通、积极主动，仍将有可能在意大利发挥重要作用。更为幸运的是，他延揽到了一位重要的信徒——德·亚米契斯，一位住在都灵的著名小说家。说实话，德·亚米契斯所鼓吹的所谓社会主义，充其量只是一种通过集体主义立法改善人民命运的模糊愿望。这位小说家似乎对需要采取何种措施，抑或这些措施将产生何种效果并不十分清楚。但亚米契斯已经加入社会党这一简单的事实，极大提振了该党的声势，并可能帮助社会党候选人梅拉尼（Merlani）成功当选。这次选战意义重大，梅拉尼的对手是佩卢克斯②将军，而都灵恰恰是"军人党"（Military Party）的据点。在米

① 菲利波·图拉蒂（Filippo Turati, 1857—1932），意大利政治人物，意大利社会党创始人。

② 雷吉·佩卢克斯（Luigi Gerolamo Pelloux, 1839—1924），意大利将军和政治人物，1898年6月29日至1900年6月24日，担任意大利总理，偏于保守派，持军国主义立场。

兰，"社会党"的竞选纲领旗帜鲜明——群众与资产阶级的正面较量。但他们推出的候选人斩获的选票并不理想。在总共2569张选票中，图拉蒂赢得352张，而他的主要对手得票1458张。社会党的另一位候选人，头脑灵光的格诺奇·维亚尼①则在3095张选票中获得620张。

反观农业社会主义，虽然在此前的中心——罗马涅——逐渐失势，但凭借简单明了的"分田地"口号，却在曼图亚和帕尔马以及一些南部省份发展迅猛。而社会党在罗马涅地区的党代表，正是后来被意大利法院不公正地判刑并投入大牢的西普里亚尼②。在克里斯皮统治期间，群众呼吁这位"国王"巡视罗马涅，为了共襄盛举，他听取建言，宣布赦免西普里亚尼。这位独裁者因此赢得罗马涅人民的拥戴；自此，他开始不停向公众施以恩惠，导致社会主义逐渐衰落。但在南方省份，现实存在的土地问题根深蒂固。如果想彻底了解上述土地问题，就必须简要回顾一下相关的历史流变。

15

---

① 格诺奇·维亚尼（Gnocchi-Viani，1837—1917），意大利记者、政治人物。

② 阿米尔卡尔·西普里亚尼（Amilcare Cipriani，1844—1918），意大利社会主义者、无政府主义者和爱国者。

意大利革命，主要归功于资产阶级，因此，但凡有可能，资产阶级自然会设法让革命后的新形势对自己有利。与其他文明国家一样，意大利中北部，阶级区分并不十分明确；而这意味着资产阶级政党在这里不可能直接以牺牲其他政党或人民为代价为自己谋取好处。只能像其他国家的政客那样，借助建立在国家干预基础上的官样手段。但在南方省份，资产阶级坚持上述手段的同时，进一步采取了其他更直接的措施，给下层阶级套上了沉重的枷锁。他们直接插手社会管理，从中明目张胆大肆攫取利益。在那不勒斯王国（Kingdom of Naples）时期，当权者靠盗用公共财产积累了巨额财富。鼓吹自由主义的新政权上台后，换汤不换药，改变的仅仅是鲸吞的形式，而非实质。在某些地方，领袖或议员的亲友以低到离谱的价格租得公共资产；其他地方，干脆将公共资产以近乎零成本的方式直接出售给草根阶层，反倒禁止其他诚心购买者参与拍卖。政府没有采取任何措施制止这些滥权行为，毕竟当地议会的控制者，同样也是党派代表的主要桩脚，而这些代表反过来又利用他们对政府的影响力，掩盖其亲友乃至党派犯下的罪行。

农民面临压迫，揭竿而起，暴动此起彼伏。拉齐奥皮①在其著述《1860年巴西利卡塔及邻近省份骚乱的历史》（*Storia dei Moti della Basilicata nel 1860*）第十章中写道：

公共土地（ager publicus）被新资产阶级贵族有失公正地据为己有。这就是为什么有人试图通过自己的双手来寻求正义，而那些负责执行正义的家伙却对他的抱怨充耳不闻，对他的祈求无动于衷。认识到当选的资产阶级市政代表，或者自私自利，或者对于社会问题漠不关心，受压迫的人民开始通过频繁的暴动，试图解决其所面临的棘手问题。

叛乱一直持续至今，晚近的事例，发生在福伦扎17（Forenza）和卡尔塔武图罗（Caltavuturo）[1]。

压迫同样也是盗匪横行一时的原因之一。[2] 虽然这种现象不再猖獗[3]，但人民遭受的压迫并没有减少太多。

1875 年，弗兰奇蒂①对统治那不勒斯公社的资产阶级作了如下描述：

　　许多人认为，受托管理公共资产的大部分人，都只是将其作为中饱私囊的一种手段；事实上，这种想法非常普遍，甚至对此都不会遮遮掩掩，但凡有人囊中羞涩，就会被人怂恿选上某个公职以"填补亏空"，类似的情况屡见不鲜。掌控法律者，显然打算将地方政府交给下列两类人：以牟利为业的当地雇员，以及虽然诚实体面不愿同流合污，但又无力阻止前者的老好人。如此一来，议会和地方委员会、慈善机构和"潜心工作"的管理委员会往往充斥着想从公共财产中捞取好处的腐败分子。上梁不正下梁歪。公共资产的监管者和其他奸佞之辈有机会零敲碎打，实施蚂蚁搬家式的监守自盗。最终受损的还是公共资产。任何染指公共财产的继任者，都会在机会允许的范围内最大化地贪赃枉法——也

---

　　① 里奥波尔多·弗兰奇蒂（Leopoldo Franchetti，1847—1917），意大利政治人物。

就是说，让权力换取金钱的等级，攀升到更高的社会规模等级。1872 年 1 月 8 日，阿韦扎诺地区的王室检察官在有关执法的演讲中（第 29 页），对该地区林木被滥伐殆尽的不幸局面表示痛心，指控护林员玩忽职守；他们在追踪为自己砍柴火的穷人时表现得有如"百眼巨人"，却对富人给森林造成的破坏视而不见，大气不出一声。[4]

在意大利其他地方也出现了许多类似的情况；在那里，政客露骨剥削同胞的艺术变得更加精致。那不勒斯公社执政当局选择的则是残酷的压迫，导致部分劳苦大众敌对仇视资产阶级。这种怨恨往往会随着公共力量约束的放松而暴露无遗，在类似的情况下，将可能会看到同样的情绪爆发。

共和党是由马志尼①创建的政党余部所组成的。该党规模虽然不大，但几乎完全由诚实正直、人品无瑕的党员构成。通常，共和党排斥参与政治选举，最多只允

---

① 朱塞佩·马志尼（Giuseppe Mazzini, 1805—1872），意大利作家、政治人物，意大利统一运动的重要人物。

许其追随者协助公社选举。佛罗伦萨"工匠兄弟会"（The Fratellanza Artigiana）秉持最为纯粹的马志尼传统，主张绝对放弃选举权。在上一次选举（1892 年）中，这个组织宣布：

弃权是民主政党的神圣职责，应永远放弃发动一场只会使年轻人变得铁石心肠、让他们的心灵僵化落伍的选战，应坚持反对选举，提倡只有以人民的名义，由人民为主体发动一场公开且忠实的斗争，才能成功捍卫自己的权利。选民们，记住朱塞佩·马志尼说过的话！不管是谁，想要永久维持某种曾遭遇致命打击的机制，都是在痴人说梦。电流作用可能会在短时间内激发生命反应，但显然不能维持生命。

然而，在米兰出现的情况，让共和党人纷纷站出来投票。他们的候选人，德·安德烈斯（de Andreis）虽然没有当选，但一举拿下了 1121 票，而获得政府背书的对手也仅获得 1967 票。然而，这 1121 票并非全部由共和党人贡献；许多人投票支持西格，以抗议政府的腐败和压迫。这些事实往往表明，共和党在意大利政治生活中的影响力堪称微不足道。

教士党几乎从未发挥过多大的影响力。据说，当被问及为什么不允许信徒投票时，教皇回答："如果有哪位信众参与议会政治，我们就将与其水火不容。"无论此话是真是假，都充满了真理的意涵。不管是进入议会，还是在政府中工作，几乎所有这样的人都成为不冷不热的信徒。熟悉罗马贵族中正统神职人员家庭的人士认为，如果要秘密投票决定是否将罗马奉还教皇，反对票肯定比赞成票多得多，这些家庭不会容忍因为迁都罗马而给自己不动产带来的巨大损失。人们常说，只要教士党决定进场投票，意大利的政治生活就天翻地覆。这显然是一种误读。罗马的神职人员的确参与了公社选举，但并未成功当选从而掌控行政权。当罗马教廷亲信托隆尼亚①因为拜访红衣主教而被免职时，他们甚至没有勇气抗议。现在，如果有人提议在罗马举办一场展览，并在

---

① 乔瓦尼·托隆尼亚（Giovanni Raimondo Torlonia，1755—1829），梵蒂冈教廷银行家，意大利著名贵族世家的主要缔造者。

意大利军队占领该城前夕揭幕时，他们也不会抗议。原因在于，罗马的教士党徒大多是小工商业者，举办展览让他们有利可图，因此，尽管展览的开幕日期存在争议，但隶属于教士党的一些市政局议员依然投票支持展览——这也证明了教皇对于信众态度"不冷不热"的批判。

最后这个例子让我们接近了意大利政党困局的极限。接下来可以通过比较英美政治领袖与意大利公众人物，对于上述普遍存在的混乱程度加以说明。

在英国和美国，公众人物的名字和他们所代表的思想之间建立了某种联系；例如，了解到格莱斯顿①先生在选举中获得多数票，就足以知道他将提议解决爱尔兰问题；得知民主党在克利夫兰②先生的领导下在美国取得了胜利，就可以推断该国不会继续增加关税。然而，对于意大利政客来说，几乎永远无法做到这一点。例如，

---

① 威廉·尤尔特·格莱斯顿（William Ewart Gladstone，1809—1898），英国自由党政治人物。在长达60多年的职业生涯中，他担任英国首相长达12年，还四度出任财政大臣。

② 斯蒂芬·格罗弗·克利夫兰（Stephen Grover Cleveland，1837—1908），美国历史上唯一两度当选且任期不连续的总统。

明格蒂①因为提议将铁路的控制权收归国有而下台。而他在这个问题上的态度并不是由政治紧急情况决定的；这是他终身信奉国家社会主义的结果。他认为，为了国家的利益，从拥有铁路的财阀手中夺走铁路是绝对必要的；为了达到这一目的，他毫不犹豫地与忠实于加富尔伯爵②所鼓吹的自由主义政策的老伙计们割袍断义，从而导致旧右翼政党分崩离析。因此，推定该项目将成为明格蒂未来的主要努力目标就变得再自然不过，同样，地方自治似乎也应成为格莱斯顿先生的关注焦点。但事实并非如此。几年后，在众目睽睽之下，明格蒂转而支持将铁路交由私人控制的一届政府。此外，明格蒂投票赞成通过立法，将铁路管理权释出，交到比他之前致力铲除的目标更加糟糕的一群人手中。类似的事件偶尔会在世界各地发生，但值得注意的是，在意大利，这成了普遍规律，而且看起来颇为自然。如果想要对于这种情况有所理解，美英读者就必须想象自己在英国目睹下列

---

① 马尔科·明格蒂（Marco Minghetti, 1818—1886），意大利经济学者和政治人物，曾担任意大利总理。

② 加富尔伯爵（Camillo Benso Conte di Cavour, 1810—1861），意大利政治人物，意大利统一运动的领导人物，意大利王国首任总理。

情形时作何感受：格莱斯顿先生上任后的第二天，索尔兹伯里勋爵①便主动与他联合起来，向英国议会下院提交法案，推动爱尔兰实现自治。有必要牢记一点，明格蒂先生非常值得尊敬，任何人都不会想到除了高尚的动机之外，还有什么能让他彻底改变自己的看法。当然，其他政客的观点变化并不总是如此。不可否认的是，对于许多公众人物来说，对利益的渴望或对虚荣的满足，成为导致他们的态度动辄出现 180 度大转弯的重要因素。但无论这些背后的动机是什么，意大利选民似乎都认为此类态度转变自然而然，并不会倾向于责令这些变色龙严加交代。例如，在上一届议会当中，一些极端左翼的代表，曾择良辰摘吉日决定支持政府，并以"合法的激进派"名义示人。这些此前凭借激烈反对"三国同盟"②成功上位的议员，在与政府结盟后，立刻摇身一变，成为"三国同盟"的铁杆拥趸，公然发表与选举前天差地

---

① 第三代索尔兹伯里侯爵罗伯特·阿瑟·塔尔博特·加斯科因-塞西尔（Robert Arthur Talbot Gascoyne-Cecil, 3rd Marquess of Salisbury, 1830—1903），英国保守党政治人物，曾三度出任首相，任相时间合共 13 年。

② "三国同盟"（Triple Alliance）是德意志帝国、奥匈帝国和意大利王国在 1882 年 5 月 20 日缔结的军事联盟。

别的言论。尽管如此，同样的选民还是重新投票支持这些人当选。单凭这一事实，不足以证明大多数选民像他们所选出的代表那样变成了叛徒，因为在意大利，政府对选举有很大的影响力；但至少有一定数量的选民改变了他们的观点。

这种状况所导致的结果之一，同时也是其普遍存在的证明，就是在意大利，许多公职人员都小心翼翼地避免做出承诺。为了在可能发表新观点时不因前后矛盾而感到尴尬，他们以一种不啻古代神谕的方式发表模棱两可的意见。[5] 一位在上次选举中成功当选的议员表示，他将支持任何真正关心国家福祉的政府，这种声明显然对于人们了解发言者的个人信念没有多大帮助。到目前为止，并非所有候选人都采用这种方法；但在几乎所有的选举中，都出现了这样的措辞，其目的旨在避免对困扰意大利的实际问题进行任何精准处理。例如，有候选人表示，他"将投票支持国家利益所必需的军事和海军开支"。这一声明同样满足了那些认为国家利益需要增加军费开支的人，以及那些认为有必要反其道而行之，即削减相关开支的人。另一位候选人，参照乔利蒂①的计划，宣布除非绝对必要，否则不会投票支持开征新税；这显然是在规避责任，因为提议者一定会鼓吹有必要征收新税。最近围绕关税问题的许多言论也存在类似的含糊不清之处。根据 1887 年《海关法》，意大利制定了保护政策；然而，上述关税政策的倡导者及其支持者从来没有像法国的梅利纳②等人那样，坦然承认自己的保护主义立场。他们将新关税制度视为时代条件下不可避免的权宜之计，并大力宣扬应在环境允许的情况下，继续适用自由贸易这一不变法则以指导经济政策。在关税法研拟期间发生的一个事件，充分暴露出积极原则的缺失。财政部长马格里亚尼③起初宣布反对对外国小麦征税（最初是每 100 公斤征收 3 法郎，现在是 5 法郎）；但是，当要求征收上述关税的所谓"重农主义派"愤而退场，导致贸易保护主义者为主的多数派面临土崩瓦

---

① 乔瓦尼·乔利蒂（Giovanni Giolitti，1842—1928），意大利政治人物，在 1892 年和 1921 年期间 5 次担任意大利首相，时间仅次于贝尼托·墨索里尼。他执政时，通过广泛的进步的社会改革，改进了普通民众的生活水平，该时期亦被称为乔利蒂时代。

② 费利克斯·朱尔·梅利纳（Félix Jules Méline，1838—1925），法国政治人物，1896 年至 1898 年间任总理。

③ 亚格斯迪诺·马格里亚尼（Agostino Magliani，1824—1891），意大利财政专家。

解之际，马格里亚尼支持了这一提议，并让众议院投票表决。在问题悬而未决之际，商务部长格里马尔迪[①]在埃尔萨谷口村（Colle Val d'Elsa）演讲时表示，"商务部永远不会接受对外国谷物征税。"然而，就在演讲几周后，商务部提出了对小麦征税的建议，上面附有格里马尔迪的签名。

这种情况的另一个后果是，作为规则，在意大利，选民缺乏像英国或美国那样提交政纲的平台。他们被要求对人而非对事发表意见。最近（1890年），一个明确的问题似乎摆在了这个国家面前。至少意大利领导人克里斯皮正在琢磨一个计划。他希望推行一种被称为"帝国主义"的政策。根据克里斯皮本人的说法，意大利将最终成为伟大的军事强国、海上霸主，并在欧洲地缘政治中发挥重要作用。为了践行上述政策，国家必须作出必要的牺牲；在征收税赋、增发国债方面绝对不能缩手缩脚。其他人——打着保守党旗号的贾西尼[②]和以极左

---

① 博纳蒂尼奥·格里马尔迪（Bernardino Grimaldi，1839—1897），意大利政治人物，曾数次入阁。

② 斯蒂法诺·贾西尼（Stefano Jacini，1826—1891），意大利政治人物。

名义活动的卡瓦洛蒂①——认为经济问题才是当务之急。他们不希望增加新的税收和债务，哪怕会因此牺牲克里斯皮所倡导的意大利在国际政治中将要发挥的重要作用。因此，存在两项明确的计划，意大利可在二者之间做出抉择。但是，就在此时，鲁迪尼侯爵②重新网罗昔日的右翼盟友下场参战，一番合纵连横的操作之后，顺利掌权，但此举加剧了各方所面临的混乱局面。鲁迪尼等人宣布，两个目标都可以实现，两个项目都可以执行；通过精简预算，可以避免开征新的税收、发行新的债务，同时继续维持军事开支的规模，从而使意大利能够在外交事务中占据领先地位。这让所有人都感到满意——支持三国同盟以及上述政策必然带来的支出的宫廷，还有反对开征新税的纳税人。克里斯皮向传统右翼势力低头，至少在主要方面采纳了上述计划。然而，这项计划根本不具有可行性，对此事实，计划的发起人或许曾有所怀疑，但最终同意忽略。以下，便是意大利在 1889 至 1890 财

---

① 菲利斯·卡瓦洛蒂（Felice Cavalloti，1842—1898），意大利政治人物。

② 鲁迪尼侯爵（Antonio Starrabba Marquess of Rudinì，1839—1908），意大利政治人物。

政年度的支出清单，单位为 100 万法郎：

固定支出（各种公债利息、养老金）	700
军费开支	422
其他开支	515
合计	1637

最后一项开支中的 51 500 万法郎，是鲁迪尼唯一可29
以精简的预算。即使在这一项目当中，也有一些费用是
不可能减少的。例如，征税的附加成本；维持警察力量
的开支等。综上，根本不能指望在这里进行大刀阔斧的
预算削减以满足意大利政府所需要的大笔款项。在鲁迪
尼的计划中，这个困难被简单地回避了。作为政府首脑，
尽管喊出了雄心勃勃的计划，但鲁迪尼被迫举借新债，
导致预算失衡。迫于需要，他想减少军费开支。就在那
时，宫廷的阻力不期而至。一位王室雇员巧妙策划政变，
改推乔利蒂掌权，允许他解散议会并控制随后的选举。
乔利蒂内阁通过贷款维持预算平衡，每年向公众借款
3000 万法郎修建铁路。他还通过年金业务间接举债；同
时不得不以其他借口借更多的钱。

维持预算平衡的三种方法，即贷款、增税和削减军费，无疑都有可取之处；但政客们一直在小心翼翼避免采取上述三种方法中的任何一种，国家也从未被要求从中做出取舍。

意大利所面临的首脑危机很少导致整个内阁大换血。这通常仅仅是一个重组问题；昨天的反对党可能会成为其先前反对的内阁的一部分。受鲁迪尼内阁内政部长尼科特拉①启发的报纸宣称，当长期以来作为鲁迪尼所领导的党派成员的乔利蒂反咬一口时，鲁迪尼内阁成员同意不参加乔利蒂可能组建的任何部会。然而，两名内阁成员——陆军部长和海军部长——没有信守诺言，在新首脑的领导下就职。格里马尔迪曾是鲁迪尼政府最热情的支持者之一；但事实上，大家都知道，他也即将入阁。5月5日，格里马尔迪在众议院发表了对鲁迪尼而言颇为有利的讲话。在谈到乔利蒂和他的朋友们时，格里马尔迪认为这些人的态度改变"不合逻辑"。在他看来，在政府声誉如日中天之际加入进来的人，不应该在政府即将垮台时拍拍屁股溜之

① 加瓦尼·尼科特拉（Giovanni Nicotera, 1828—1894），意大利政治人物。

大吉。格里马尔迪提出了当天有利于政府的议事日程，但遭到拒绝。随即，政府垮台，乔利蒂继任政府首脑。不久之后，格里马尔迪出马就任新内阁的财政部长。

一份公开发表的报告，饶有趣味地为我们提供了上一届议会会期代表们的投票。从这份报告中可以看出，1891年1月3日，25名议员投票支持克里斯皮政府，但到了3月21日，这些人转而投票支持一项动议，宣布众议院完全信任克里斯皮的继任者鲁迪尼。在508名议员中，只有23人始终投票反对克里斯皮政府，后来一直支持鲁迪尼政府。而这极少数的一部分人，才称得上真正的政党。但更值得注意的是，当鲁迪尼上台后，被推翻的克里斯皮内阁成员到底是如何投票的。为了将他们的行为转化为英国人耳熟能详的价值观，必须设想索尔兹伯里勋爵的内阁成员直接下台后，除一人之外，全部投票支持格莱斯顿政府，而英国选民则认为这种事情再自然不过。

今天意大利的政治状况在某种程度上类似于雇佣兵（Compagnie di Ventura）时代。然后，最聪明或最幸运的领导人，把最强的班底拉到自己周围；现在，可以相信能够给众人提供最大利益的政治人物吸引了最多的民选代表，但如果选择其他领导人更为实惠，这些代表将毫不犹豫地抛弃前者；有时，仅仅因为喜欢与否，就会导致人们做出始乱终弃的决定。在这方面，自德普雷蒂斯内阁以来，情况一直未有改善。愤世嫉俗、腐败堕落的德普雷蒂斯摧毁了政党的最后一点体面；就在那时，"转型主义者"（Transformists）这个概念被创造出来，被用来指代新时代的政治人物。在政治上，意大利的转型主义者与法国的机会主义者相对应；值得注意的是，几乎在法国出现机会主义和意大利出现转型主义的同时，在英国，辉格党（Whigs）和保守党等传统政治路线开始消失，或者出现重大变化。这三个国家似乎都面临同样的问题——事实上，程度不同，由于国民性格和政治制度的不同，结果也不尽相同。意大利几位主要政治人物曾试图改变这一局面，但他们的努力最终彻底失败。首先，必须关注通过修改选举法促进政党组织的努力。1860年12月17日通过的法律将资产情况作为参政基础。1882年9月24日通过的法律对之前的制度进行了修改，大大增加了选民的数量。[6]此举是希望通过吸引更多的人参与国家政治生活，组建大型政党。出于同样的目的，引入了"候选人名单全选选举制"（scrutin de liste）；王国被划分为选区，每一个选区中选出三到五名代表。在选举五名代表的地区，通过有限投票制保障少数派的代表权，每个选民只能在选票上写四个名字。这项法律的创设背景十分恶劣。参议院委员会一番讨价还价，批准了该法案，而各方博弈的结果，便是国家出资收购了威尼斯铁路。就政党组成角度而言，结果是绝对无效的。明明看到通常隶属于不同政党的三位候选人联合起来，选民仍毫无警醒地投票支持这一颇为别扭的候选人名单，这样的情况似乎司空见惯。最终，通过 1891 年 3 月 5 日和 1892 年 6 月 18 日出台的选举法，局面被推倒重来，选票"单投制"（scrutinio uninominale）得以恢复。1892 年 11 月 6 日的选举受这些后来制定的法律约束，但结果与之前的选举别无二致。

还有人提议通过改变参议员的选举方式来赋予参议院更大的权力。[7] 代表卡沃尔伯爵自由传统的阿尔菲里侯爵①是这项改革最积极的推动者之一；但目前无法预见

①　卡洛·阿尔菲里·迪索斯特尼诺侯爵（Le marquis Carlo Alfieri di Sostegno，1827—1897），意大利政治人物。

该提案是否会被采纳，或者会产生什么结果。

近几年来，若干社会名流曾试图制定一些可能有助于政党团结的计划。卡瓦洛蒂（Cavallotti）作为公认的极左翼领袖，无疑代表着该政治派别的最高目标以及最明晰的理念，他以 1890 年《罗马条约》（Patto di Roma）的名义制定的计划，很可能有助于巩固激进派政党；事实上，1890 年，号称属于该党的候选人凭借该计划走上了意大利的政治舞台。但是在选举之后，这些人很快就将计划抛在脑后，导致他们的领导人成为孤家寡人，身边只剩下少得可怜的几位死忠同志。

1889 年，参议员贾西尼为自由保守党起草了一份极好的共同纲领。去世前，贾西尼曾多次担任政府部长，对意大利的政治生活有着深刻的了解。1891 年，他坚持认为环境有利于组建这样一个政党，但同时表示由他本人亲手缔造则希望渺茫。在一本 1891 年在佛罗伦萨出版的小册子《新意大利的保守力量》（The Conservative Strength of New Italy）中，他这样写道：

　　除了极左翼（到目前为止还没有统一）之外，

所有的传统政党都已消失殆尽，新的政党尚未成立。存在一些团体，一些朋党，一些不惜一切代价、不考虑成员组成的政府内阁，但仅此而已。这当然是我们所说的有利于建党的条件。但保守党人的性格绝对算不上充满活力，至于他们的力量短板，更是难以启齿的隐疾。尽管目前的情况有利，但如果任由其自生自灭，仍然无法成功组建出一个好战的政党。由于在队伍中很难找到堪当大任的领袖人物，无疑进一步增加了难度。

在上次大选时，作为传统左派人物的扎纳德利①发表了一次演讲，提出了一个合乎逻辑的政党划分基础。他认为，应该根据其愿意赋予政府职能范围的大小来作为区分标准。但所有这些建议都被视为纯粹的理论探讨。无论是政客还是选民，都没有对这些理论表现出任何兴趣。他们有着更直接、更实际、更重要的个人目的。选民询问候选人将为自己做什么；民意代表则向寻求他支

① 朱塞佩·扎纳德利（Giuseppe Zanardelli，1826—1903），意大利政治人物

持的政府提出同样的问题。

文坛领袖邦吉①并没有将自己在上次选举中的失败归结为他对三国同盟的敌意（正如半官方报纸所解释的），而是认为在于他并没有充分关注选民的琐碎私事。一位来自皮埃蒙特的代表绝对算得上自己选民的同党。即使是在为选民妻子从罗马裁缝和女帽商处争取折扣时，这位议员都会不遗余力。他牢牢占据着自己的席位；没有人敢对他提出挑战。其他民意代表则直接通过买票上位；但他们的地位总是不如那些能够为选民争取到政府和依赖政府的金融机构支持的议员那样稳固。至于这样选出来的民意代表所发表的意见，只要不妨碍其得到历届政府的尊重，拥戴他的选民通常就会认为这些意见无关紧要。但如果议员的言行妨碍了为选民谋取实惠这一最高纲领，则会被认为有害无益。

37

---

① 鲁格罗·邦吉（Ruggero Bonghi, 1826—1895），意大利语言学者、政治人物。

二

也许除了英国之外，没有哪个国家的国民的重要经济利益不依赖于国家；但这一部分的整体占比在不同国家有所不同；在研究政府职能扩展的影响时，尤其需要关注上述占比。在保护主义占据主导地位的国家，受保护的商人以及其他渴望得到保护的人群显然依赖于国家。他们只能有一个目标——控制政府，或者准备好为承诺提供最大可能保护的政党奉上自己的支持。尤其是农业保护的效果，剥夺了地主阶级的独立性。本来他们是能够在政治问题上保持完全自主的。

有些国家除了实施保护外，还奉行金融保护政策，主要通过特许银行或国有银行制度，牢牢将国内大多数企业掌控在政府手中。还必须考虑附带保护措施；例如蒸汽船补贴、给予私人的垄断、信用基金的特权等。所有这些形式的政府干预在意大利融为一体；如果说这些保护措施并没有造成比实际存在的情形更大的邪恶，恐怕就只能将其归因于意大利人快乐温和的性格阻止了政

39 府无所顾忌地滥用权力。深入研究这个问题，不可能不被公民对国家的绝对经济依赖所震惊。在英国，制造商、农场主和商人希望通过自己的劳动而不是国家的恩惠来发家致富。即使是法国这个在此方面与意大利颇为相似的国家，也明确要求国家不得插手干预若干生产部门。大型葡萄酒生产商、里昂的丝绸生产商和染色商、巴黎用品生产商等，对国家没有任何期望，唯愿国家不要通过荒谬的关税挑起他国报复，阻止他们将产品销往国外即可。但在意大利，独立自主的生产者占比要小得多。固然存在诸多丝绸织造业者与葡萄酒生产商，但仅此而已。其他生产者要么享受国家保护，要么努力寻求国家保护。

与法国一样，意大利的铁路公司也与国家关系密切。在意大利，铁路已经收归国有，国家进而将铁路出租给

40 私人公司。这些租约存在一个很大的缺陷。固定份额，即净利润的 27.5% 需要交给国家。[8] 因此，铁路无法适用任何现代工业奉行的原则，即薄利多销。政府方面不倾向于通过降低自己收入的百分比来降低税负，本能地认为降低税负并不一定会促进交通发展，认定后者很快就

会受制于政治影响力，从而造成政府收入的巨大损失。但从目前来看，更为严重的问题是，铁路公司从旧线路的运营中获得的利润微乎其微。这些企业的主要收入来自与政府签订合同而获得的新线路建造权。这使他们严格依赖政府，不得不想办法安抚政府，以便能够签订对未来有利的合同。

法国银行与政府关系密切，但从未见过它利用其影响力援助受政府保护的企业。但在意大利的相应银行机构，情况并非如此。例如，在政府发布的银行月度资产负债表中，可能会看到一份说明，解释了"国家银行"（Banca Nazionale）货币流通盈余情况。3月3日的资产负债表包含以下内容："资产总计64 793 125法郎：由罗马银行发行的纸币1 1043 125法郎，支付给卡利亚里省的3 750 000补贴；以及特别拨付给都灵银行的50 000 000法郎组成。"上述每一项都需要进一步的解释。为什么国家银行把罗马银行发行的纸币放在金库里，而不是投入流通？正如现在已经得到充分证明的那样，根据1889年由参议员阿尔维西提交的视察报告，政府知悉，罗马银行偷偷投放了2 500万法郎的纸币。正是为了防止这一事实败露，国家银行被要求保留罗马银行发行的票据。至于对卡利亚里省的补贴，则发生在该省储蓄银行破产时，值得一提的是，该省储蓄银行的董事是目前在议会占据多数席位的政党成员。该董事在热那亚巡回法庭受审并被定罪。在审判过程中，他表示："我之所以被判有罪，仅仅是因为缺乏老天的眷顾。其他银行大都像我的银行一样，靠输血才能勉强支撑到今天。"最近有关罗马银行的相关披露表明，这位董事的控诉一语成谶。都灵银行获得的补贴主要拨付给了泰伯里纳银行（Tiberina Bank），以防止其倒闭。正是在这个时候，政府开始纵容银行，后者可以拒绝票据赎回，这便为目前意大利金融危机种下了祸根。

这些事实不容否认。可能会有人反对说，到目前为止，还没有证据表明相关银行为政府提供了选举经费。但可以肯定的是，政府在选举中的支出远远超过了特勤基金所能支配的数额，但这并不能证明银行为其弥补了窟窿。其他依赖政府的企业也可能提供金援。获得或希望获得补贴、特权和垄断的公司，充分利用金钱，以维持与承诺向其提供优惠的政府的关系。有报道称，在上一次选举中，某些候选者成功当选参议员后，为选举目的向政府提供资金以示感谢。但这也缺少证据。可能是因为担心获取太多关于政府及其盟友获取资金手段的信息，拟议中的对罗马银行的议会调查胎死腹中。

许多企业只有通过发行银行贴现的票据并不断展期才能获得支持；当然，越受政府青睐，就越能自由地享有银行贴现。值得一提的是，银行所发行的票证享有法定货币地位的时间非常短暂，通常仅为六个月或一年。这使得银行相当依赖政府和法律权力。为了确保自身的良好意愿得以落实，银行不得不培养自己的政治影响力。主要是指不间断地贴现给立法者或有影响力的报刊记者。

至于之前提到的所谓附带保护，仅举一例就足够了。去年2月2日，议员科拉贾尼①在谈到将向"通用航海公司"（General Navigation Company）提供的补贴时说：

> 尊敬的贝托洛（Bettolo）先生列举了为什么通用导航公司的股息仅为5%，而其他私营公司的股息

①　拿破仑·科拉贾尼（Napoleone Colajanni，1847—1921），意大利犯罪学者、政治人物。

则要高出 2 倍甚至 3 倍。他表示，通用航海公司的煤炭成本更高，一般开支更大。其他公司每吨煤付 20 法郎，而通用航海公司每吨煤的成本高达 30 法郎……为什么通用航空公司会在明明可以节省数以百万法郎的煤炭采购方面花费如此之多？如此看来，该公司的承包商和经纪人真是太幸运了。

科拉贾尼接着指出，该公司在修理轮船时也存在类似的弊端。相关细节说明国家给予保护所带来的收益雨露均沾。名义上享受利润的人有义务与许多辅助机构分享利润。就像罗马共和国后期那样，规模巨大的政府赞助模式已经发展起来。每一个享受政府保护的企业周围都存在着大量吸血的牛虻。这些人分享收益，同时有责任竭尽全力捍卫获得相关收益的特权。因此，与古罗马时代如出一辙，政治选举在很大程度上由那些对政府合同间接感兴趣的人控制。

如果暂时脱离经济领域，放眼社会活动的其他领域，仍然会发现国家所发挥的主导性无处不在。只有一个领域堪称例外，那就是宗教。教皇制和君主制之间的分歧，幸运地将神职人员置于政府的影响之外。这就是意大利政客如此敌视教皇的真正原因。将这种敌意归因于反宗教情绪的外国人，这犯了一个很大的错误。不可否认，教皇的某些敌人带有这种情绪，但绝大多数政治人物对宗教缺乏强烈的支持或反对态度。他们只是对没有受到神职人员的影响来巩固他们的权威感到遗憾。许多值得尊敬的人士也有类似的感觉，在他们看来，这纯粹是爱国主义；他们希望看到教皇代表意大利祖国发挥影响力；[9]但他们通常不会将国家的福祉与其所在政党的福祉区分开来。世俗议会制定的法律赋予他们对每个人身体的完全控制权，他们也希望通过神职人员接触灵魂。许多人渴望像拿破仑一世那样缔结类似的宗教契约。

没有教会，还有学校。在英美等国，大学教授是绝对独立的。在法国，教职人员开始依赖政府；但仍有一定数量的学者摆脱了国家的控制，这要取决于是否享有可以不仰仗政府鼻息的崇高声望。在意大利，这种例外情况极为罕见：几乎所有高级讲师都完全依附于政府。即使在各省支持的教育机构中，教师也不能摆脱政府的干预。例如，在巴里的一所地方高等商学院，直到最近，院长还是非常杰出的经济学者潘塔莱奥尼，这位教授的著作享誉国内外。潘塔莱奥尼发表了一份关于酒精消耗的科学研究报告，并指出了民选代表干预此事引发的结果事与愿违。这项研究发表在《经济学者杂志》（*Giornale degli Economisti*）上，起初没有引起注意；但被一家外国杂志引用后[10]，引起了政府的关注和不满。巴里地区学校理事会主席致信潘塔莱奥尼，抱怨他的言行导致政府反弹，"而他明知学校需要政府帮助。"潘塔莱奥尼接受调查，同时还对其进行了谴责投票。对此，潘塔莱奥尼自然拒绝低头，并因此失去了自己教职。由于两篇报纸投稿，邦吉也受到了类似的调查。的确，邦吉不再是教授了；他是内阁成员；这种身份虽然不能为对其开展调查提供正当性，但至少可以作为反对他的人的一个更合理的借口。需要抓紧补充一点，上述情况相对罕见。政府一般没有必要惩罚这种凤毛麟角的特立独行者；而只需要注意给热切支持政府的人提供符合比例原则的回报即可。

政府的影响还延伸到法院。意大利和英法等国一样，并不存在美国那样绝对独立的司法机构。但即使法院在法律上依赖于政府（比如在英国，法院是议会的产物），完全意义上的司法独立实际上也可能存在。在审查意大利司法机构的状况时，必须严厉驳斥一切认为其完全受个人或党派敌意所支配的证词。但来自对现有制度持批判态度，尤其是来自法官本人的负面评价，似乎具有一定的终局性。一份官方杂志最近以不同寻常的坦率态度谈及这个问题。报告开门见山，指出过去一段时间以来，公众舆论认为司法机关的公正性差强人意，同时补充说：

> 这个过错在某种程度上具有共通性，普遍存在于议会、民选代表、政府和报界；简言之，原因在于有人试图挖正义墙角谋求个人利益。从前，法官只能向强大的暴君低头；现在，他们受制于成千上万民众的意志，为了换取自身利益，法官必须屈服于大小势力的影响。看看法官之间的斗争，从地方省份的裁判官[11]到普通法庭再到上诉法院。研究他们光明正大目标背后隐藏的心理活动：重建辉煌历史梦想；获得议会方面的赞许；凭借自身的政治影响力换取地方行政首长的荫庇；或者赢得坐在旁听

席上的民意代表的会心微笑，后者佩戴的金色议员徽章上，闪耀着推荐晋升、换取肥缺的机遇之光。让我们攀爬至司法阶梯的最高一级，看看索居于此的最高裁判官的内心想法。他要么机智，要么公开顺从和服从政府，于是成为政治领袖，而不是首席法官。他们以妥协开始，以投降结束。司法业界的个中翘楚，目睹长袖善舞者往往比自己更有市场，可能会心生厌恶，愤而转行。由此，司法机关的知识水平趋于下降。

在意大利，政府无权罢免法官或给予其降级处分，但可以有权将其指派到另一个同等或更高级别的法庭就职。政府则通过晋升来奖励朋友，通过将敌对派法官从主要城镇的法院调至偏僻落后的地方来加以惩罚。反观法国，法官任期内，无论是级别还是居住地，均得到了法律保障。最近有人提议修改关于法官任职地点的规则，并授权政府调离法官。连机会主义者把持的媒体都坦率承认，此举旨在增加政府对司法部门的影响。在意大利，右翼部长维利亚尼①试图通过保护司法机构不受政府的影响，使其脱离政治。1873 年 10 月 3 日，他下令颁布了一项王室法令，规定了将法官转移到新任职地的规则。但不到五年（1878 年 1 月 3 日），根据继任的左翼部长的要求，意大利颁布了一项法令，废除了上述规则；从那时起，在这件事上，法官一直受制于司法部的绝对权威。总检察长弗朗西斯科（La Francesca）就此问题发表了看法：

> 将治安法官从甲地调往乙地会对其造成经济损失；破坏了其友谊、习惯和尊严；扰乱和困扰他的思想安全，破坏他的自由。这些实际结果足以表明反对法官调离的原因。我们不难发现，法官调离制度将会让司法不再公正。[12]

由于发表上述观点的人所持的官方立场，相关表述显得尤其重要。更为重要的是，作为意大利最高司法机

---

① 帕罗·维利亚尼（Paolo Onorato Vigliani，1814—1900），意大利政治人物，曾担任司法部长。

构的都灵上诉法院的院长尤拉（Eula），在参与组阁的过程中，公开向扎纳德利表示，让他感到颇为自得的是，他并未要求法官为自己提供像给前任提供的那种服务。

前文提到对意大利政治持乐观看法的明格蒂，非常强调司法部门日益增长的依赖性。他写道：

> 很难用事实证据证明民意代表干预了法官的提名，但这却是公众凭良心能够见证的臭名昭著的事件之一。然而，可以举出一些事实，表明此类事件并非绝对禁止，更非十分异常。一位议员以真实但异乎寻常的坦率为自己辩护，反驳某家报纸对其大肆批判所带来的麻烦，该报纸指控他乞求司法部调离其所在省份的法官，这位议员表示："他们怎么能提出如此不负责任的指控？恰恰相反，那个法庭之所以有今天，恰恰应该感谢我。该庭很多法官都是我专门向司法部推荐后才获得选任。"[13]

明格蒂还引用了一份递交司法部的陈情书，上面有几位议员的签名，要求从这些人的门生中选出一位担任总检察长。他补充道：

> 在调查犯罪和寻找作案人的过程中，如果法官发现自己面对的是有权势的罪犯及其同党时，往往会踟蹰不前、缩手缩脚。首先受到地方影响的是政府；的确不是为了钱，而是为了选票。年长的智者对此表示担心，其中有些人甚至断言，在 1815 年至 1860 年的意大利政府统治下，司法运行良好，法官作为一个阶层远比今天更受尊敬。对此，本人并不认同。然而，如果不偏不倚，就必须承认，在不涉及政治问题的情况下，这一时期的法院通常会以充分的权威作出判决。

众议院另外一派政治人物博卡里尼作为左派领袖之一，在 1886 年 5 月 16 日的一次演讲中提到"法院陷入的耻辱"。5 月 26 日，卡瓦洛蒂引用了上诉法院总检察长巴吉亚里尼（Baggiarini）提交的辞职信，后者在信中说，辞职的理由在于无法提供违背自身良知的政府服务。[14]

53　　　1884 年在都灵对斯特里盖利（Strigelli）的审判，表明政府给法院施加了莫大的压力。被指控伪造纸币的斯特里盖利受到都灵市长的保护；这位地方行政长官是德普雷蒂斯内阁的优秀选举桩脚，因此可以从政府那里予取予求。曾任都灵上诉法院总检察长的诺奇在法庭上作证说，自己的后任托蒂因为胆敢起诉警察而受到政府迫害。在法庭上出示了一封由这位市长写的条子，目的是防止继续推进针对斯特里盖利的起诉。[15] 斯特里盖利最终被判处劳役。

54　　　1883 年，在博洛尼亚出版的一本小册子中[16]，作者注意到法官并没有像他们应该的那样独立，并暗指身为律师协会成员的民意代表所施加的不当影响。[17] 这位作者还谈到舆论将丑闻升级归因于政治保护者；以及据说由议员推动的法官调任，这些人预测如果案件交由某位法官审理，自己就极有可能败诉，或者干脆因为害怕败诉，有必要不惜一切代价让这位法官卷铺盖走人。或许可以
55 让参议员保利告诉我们，在他不知情的情况下，佛罗伦萨上诉法院的工作人员做了什么事。这样的事情几乎人尽皆知。

尽管如此，统治这个国家的人几乎拥有无限的权力来保护和回馈他们的朋友，毁灭他们的敌人[18]，让其俯首称臣，但并不会经常性地赶尽杀绝。除了一些例外情况（如 1876 年左派掌权时），政权轮替后的获胜者与失势者往往尊重彼此的朋党。这种结果可谓温和，而温和是意大利人性格中的一个显著特征。同时，这也是一项明智的自我保护政策。今天上台的政府宽恕了前任，好让自己的后任有样学样，能够对自己的党羽网开一面。但任何并非针对特定政府，而是针对目前政体的有组织的反抗企图，都将迅速遭遇无情粉碎。希望得到国家给予的部分好处被视为合法的预期，这种想法可能会遭受打击，但不应受到惩罚；但是，想要彻底阻绝这种恩惠的流动，就将被视为一种反叛行为，该当严惩。对此问题，即使表现得漠不关心也是罪莫大焉。在意大利，根本不存在任何空间，能够让个体保持独立，拒绝寻求政治庇护。如此一来，这个人就会发现自己的地位和没有种姓的印度人别无二致。如此一来，这个人就沦为人人都可以随意践踏的不法之徒。如果是律师，就会没有客户；如果是匠人，就会失去雇主；如果是商贩，就将倒闭破产；

如果是地主，就面临地方官长上门找麻烦。每一扇门都对他关闭，每一个人都与其保持距离，直到有一天政府有工夫认定他具有人身危险性，找个莫须有的罪名判他入狱。

政府为自己的行为寻找理由，批评这些人一般都爱聚众生事。这句话有些道理。在无法通过法律抗争的国家，民众的不满倾向于结党，最终导致叛乱。在意大利频繁的政府更迭过程中，没有任何源自民意的自发表达。像英国"科布登俱乐部"（Cobden Club）那样鼓吹贸易自由运动或者迫使议会通过《改革法案》的运动，在意大利是绝无可能的。政府在议会的朋友足够强大，一旦这类运动变得重要，随时可以加以粉碎。在意大利，最不受欢迎的税种莫过于"磨面税"（macinato）。这项税收引起的公众不满，为结成类似于美国和英国之类的伟大的政治联盟提供了独特的机遇。该运动最初风起云涌；但政府解散了发起运动的社团，导致运动旋即销声匿迹。几年后，当人们已经习惯了这项税收并不再抗议时，政府单方面地予以废除。意大利人民从未亲眼目睹诸如此类的抗议运动开花结果，以此认定这样做徒劳无益，不愿意劳心费力参与其中。如果遭遇的苦难实在无法忍受，被迫卷入某种煽动性运动的人，也会拒绝加入旨在合法消除其不满的社团组织。他们确信，这样一条道路将导致自己徒劳无益地面对掌权者及其政治依赖者的报复反扑。

不仅在人民眼中，而且在大部分资产阶级眼中，政治都可谓奢侈品，只有拥有追随者、拥有旧拉丁语意义上的"服务对象"的人才能允许自己投身其中。经常能听到有父亲向别人夸赞自己的儿子："他不做坏事，不交恶友，不为政事。"这种表述，足以解释一个可以时不时观察到的奇异现象——特定地区的所有选民通过一致弃权的方式抗议政府。不久前通过的一项法律，撤销一些较小地方的"行政官"（pretor）设置。此举引发一些地方的选民在所有选举中都放弃投票。这些人认为自己的权利遭到忽视，于是通过向老主子撒闷气来报复，但绝对不是另觅新主。我本人曾经责备过一个工人，这个非常老实的好人，领了某位民意代表 10 法郎，在选举中为他投票。我对他表示，如果他和同伴团结一致，完全可以选出一个愿意承诺减轻重税的议员。他回答说："这都是胡扯；头儿们总是会为所欲为。我们唯一的好处就是在选举时拿一些钞票。"

然而，选举费用其实并不需要太高。根据相对并不完整的信息判断，平均投入 30 000 法郎，似乎便可让候选人获得地方政府支持。如果亟需这种支持，费用自然要大得多。历史上的英国范例表明，贿选与议会政治的良好运作之间并不矛盾。靠收买选票当选的议员有时可以相当独立于政府和选举委员会。某位值得信任的朋友曾经告诉我的一件轶事，充分说明了这一点。议员的朋友在试图说服其改变立场时告诉他，如果不和政府亦步亦趋，选民将不会满意。议员和朋友们争论了好半天，最后终于失去耐心，发牢骚道："你们滚蛋吧，让我清静会儿。我已经付了钱，选择扯平了，我的意思是，凭良心投票吧。"但这种情况是例外。一般来说，候选人将贿选支出视为一种投资[19]，希望看到自己的投资能够获得良好的收益回报。当然，存在反对选举腐败的法律，但这些法律从未生效。威尼斯的一名治安法官和一名检察官愚蠢至极，居然认真对待这些法律规定，被鲁迪尼政府撤职，诉讼也被撤销。对此，报纸赤裸裸地写道，试图惩罚贿选无疑十分荒谬，毕竟这种行为现在已经司空见惯。

然而，政府的支持比金钱收买更为有效；而最为有效的政府干预形式当然是官员的任免。1886年7月2日，曾两次担任内政部长的尼科特拉在议会表示，他准备提供一份长长的阿韦利诺（Avellino）省府文员名单，这些人将出于选举原因而被召回或失去工作。他用典型的话语补充说："有些事可以做，但必须做好。政府做了一些事情，但做得很糟糕。"

卡瓦洛蒂于1886年6月30日在议会发表讲话时表示：

> 在卡利的佩萨罗选区（对此我有书面证据），社区信使分发了选举票、政府候选人名单，并为每个收件人加了一个法郎……在阿雷佐，贿选的价格略高。正如可信的证词所表明的那样，购买政府选举投票的一般费用是1法郎50分。

德普雷蒂斯（内政部长）插话说："不，在阿雷佐也是 1 法郎。"卡瓦洛蒂回答：

对不起，刚才的提法有些错误；平均价格正好是 1 法郎 50 分；我已将书面证词存放在公证处。在摩德纳，6 法郎；在罗马的阿拉特里选区，贿选的单价达到了 8、10 甚至 100 法郎……图特拉庇护所［穷人庇护所］因为候选人甲先生的好意获得 400 法郎的补助。在诺瓦拉第三选区，出现了一张传单，上面写着："如果投票给这 4 名候选人，就将给本区庇护所提供 10 000 法郎。"在米兰第三选区分发的一份传单上面写着："选择很容易……我们有 4 位等待投票的体面人士，他们为我们投资兴建火车站、电报局和邮政局，几天前他们还为我们提供了以下补贴：500 法郎用于婴儿收容所，500 法郎用于设计学院，15 000 法郎用于慈善集会"……在福利尼奥，内阁候选人从政府那里获得了为特定公司争取到了 45 万法郎的贷款……在罗马第二选区，瓦尔林弗雷达出身的费里被判 18 个月监禁，而此人在那里具有相当大的影响力。当人们发现让他参加选举斗争会对自己有所帮助时，非常不巧，他正在监狱服刑。有人遂向内阁候选人提出了申请，在选举前几天，费里被赦免，并及时返回选区，以实际行动表达他的感激之情。

卡瓦洛蒂所属的政党是左翼。鲁迪尼属于右翼，最近担任议会主席，他在 1886 年 5 月 16 日说：

> 有必要制止议会制度的退化趋势。公共行政部门、议会和学校似乎已经成为巨大的选票获取机器的组成部分。[20]

据说目前的情势每况愈下。如果回到意大利议会制度的早期，将当时获得的条件与现在获得的条件进行比较，这种说法无疑是正确的；但目前的情况似乎并不比在德普雷蒂斯执政期间更糟。 63

很明显，我们调查过的各种事实之间关系密切；但很难说意大利的政治混乱是现有腐败的原因还是结果。组织严密的政党将在一定程度上控制为分配从纳税人那里榨取的战利品而成立的小团体；但正是这些小团体阻 64

碍了真正政党的形成。无论是宗教情感还是对贵族身份的骄傲，影响人类行为的这两种最强烈的情感，都无法阻止意大利的上层人士积极谋求官位，委身于依赖政府者的行列，并在他们彻底鄙视的政治人物手下服务。没有政党支持扩大政府职能的原因在于，如果要争取占据多数，政府内阁必须画饼充饥，用虚幻的政治利益或激情的动机取代个人利益的动机。但政府职能的扩展反过来又严重阻碍了政党的形成。正如现在与共和国结盟的一家保皇党法国报纸所说："人民必须认识到，他们不会因为反抗政府而获得政府的支持。"

本人倾向于认为，政党的缺失和政府活动范围的扩大，属于更为基础的原因的共同后果。而这些原因中有些是拉丁民族国家特有的，有些是意大利特有的[20]；还有一些原因，几乎存在于所有文明国家当中。理清这些原因并发现其行为模式，无疑非常有趣，无奈本文力有不逮。

三

过去几年，意大利的外交政策保持统一。与德国和奥地利结盟，主要原因是王室担心共和政体可能从法国传入意大利，并相信与德意志帝国结盟有利于意大利王朝永续长存。如果想要入阁，就必须接受德意奥三国同盟。而这就是现在渴望掌权的激进分子被迫做出让步，转而为三国同盟唱赞歌，同时宣布自己是联盟的支持者。

但维护与德国的联盟，不仅仅是意大利王室的一厢情愿，也让一部分意大利资产阶级感同身受，是该政治集团的利益所在。意大利建立贸易保护制度的最大障碍，在于其与法国签订的通商条约。所有期望从提高关税中获得好处的人都被迫支持与法国经济决裂；为此，他们转投德国。同样，陆军部和海军部的大型承包商，特别是特尔尼的钢铁公司，发现在全国传播对法国战争的恐惧以便增加陆军及海军开支，此举符合自身利益。

但是，除了那些期望从与法国的决裂中直接获利的人之外，一部分资产阶级的头脑中还萦绕着另外某些情绪，参议员贾西尼曾令人钦佩地将这些情绪描述为"权欲熏心"。意大利革命与其说是人民的杰作，不如说是资产阶级的功劳。许多帮助建立新体制的人都从中获利，变得更加富有。获得财富后，这些人本以为能买得起奢

侈品；不幸的是，意大利中产阶级的品位变成了最昂贵的奢侈品之一——帝国荣耀与军事征服。德普蒂斯出兵

67 马索瓦（Massowah），部分原因便是为了满足这种愿望。但这种玩具对意大利中产阶级来说是不够的，他们梦想着更加伟大的军事企图。法国历届政府都犯了错误，没有考虑到这种情绪；意大利远征突尼斯似乎对他们构成了极大冒犯。只要考虑并寻求调和意大利统治阶级的内心需求，法国完全可以不与意大利争吵而占领突尼斯。但恰恰相反，法国政府似乎决意羞辱意大利人。德国政府没有犯下类似错误。俾斯麦是一位深谙人类情欲的行家，他不知道如何从国家利益的角度考虑意大利统治阶级的情绪。通过满足意大利人的虚荣心，俾斯麦不花分

68 毫便收买了意大利这个盟国，并煽动这个国家不顾捉襟见肘的财源，不成比例地透支军费。

军费被认为是维持国家独立所必需的开支。对于这种官方理论，许多人都信以为真。但实际上，意大利的独立并没有受到法国的威胁；如果后者试图对意大利下手，那么其他欧洲大国，不管是否与意大利结盟，肯定会出手干预。对于这一点，即使是三国同盟最坚定的支

持者往往也不得不承认。[22]

1875 年，意大利每年仅为其陆军和海军花费 2. 16 亿法郎。这些费用一直在增加，直到 1888 年至 1889 年达到 5. 54 亿法郎的高点。此后，逐渐减少到 3. 59 亿法郎（1891 年至 1892 年）。但这种缩减完全是权宜之计，然而，权宜之计根本无法持久。武装士兵在服役期满前就被遣散，连队的有效兵力少得可笑。弹药补给甚至包括供给边境的份额都已经用光。[23] 军事当局有理由说，如果意大利希望推行可能涉及与法国开战的政策，其军备水平必须达到与这一意外事件相当的程度，必须投入比目前更多的资金。但是，国家将如何应付增加的支出仍然是一个尚未解决的问题。到目前为止，政府一直试图通过增加税收和不断举借新债来平衡预算。但这样的方针是否可以永续推行？征税的可能性， 无论是对象还是税率，似乎已到极限。有许多迹象表明，增加进口关税不会带来合理的收入增长。[23] 至于公共债务，希腊、葡萄牙、西班牙和阿根廷共和国的例子表明，意大利仍然远远没有达到不再获得贷款的限度；但的确已非常接近万劫不复的金融灾难深渊。1880 年，意大利废除了强制货币，并为此目的签订了 6.44 亿法郎的贷款合同，此后，国债这笔大账一笔勾销。但这只意味着意大利无法继续以 5% 利息的债券形式融资，只能以其他方式借入远超以往的巨额资金。此前，意大利曾经通过公民年金与军人抚恤金的形式掩盖国债规模（通过销售年金保险）；现在政府准备故技重施；似乎没有理由不让此类措施苟延残喘。这些复杂繁冗的路线，都是意大利特色政治体制的后果之一。议会与内阁鼠目寸光，满足于复制过去而非考虑未来。鲁迪尼内阁的政策比其前任更加开放，迫使意大利必须开源节流，增征新税、缩减军费。正如我们所看到的，鲁迪尼和他的朋友们试图避免困难，提议节约除军队开支以外的所有开支；但这一政策被证明根本行不通。目前，政府正与同样的困难作斗争，乔利蒂正试图通过缩减新债务来摆脱困境。这种权宜之计政策可能会持续很长一段时间，因为大家似乎都对此感到满意。

最好将近几年的财政收支情况公之于众。所有数字单位均为 100 万法郎：

国债变化情况

	资金债务	浮动债务	合计
1882 年	11029	220	11249
1889-90 年	12442	352	12794
1890-91 年	12634	442	13076
1891-92 年	12768	458	13226

国债支出情况

	永久国债	可回赎国债	浮动国债	年金	合计
1882 年	401	70	47	64	581
1889-90 年	438	107	85	68	698
1890-91 年	442	106	87	69	704
1891-92 年	449	105	92	71	717

公社与省的债务情况

	公社	省	合计
1882 年	764	137	901
1889 年	1037	170	1207

质押借款

	有利息	无利息
1871 年	6009	4583
1881 年	6805	5005
1891 年	9466	6152

政府收入（体现税收增长）

	1882 年	1891—1892 年
国有资产（包括铁路）	77	85
房屋及土地税	189	191
印花税（继承、质押等）	169	220
收入税	193	234
关税、入市税（烟草、食盐）	492	577
博彩[25]	73	74
邮政电信[25]	44	62
杂税（包括年金税）	55	71
合计常规收入	1292	1514

省及公社税收收入

	公社	省	合计
1871 年	292	75	367
1882 年	391	107	498
1889 年	523	103	626

省及公社税收收入分类

	1871 年	1882 年	1889 年
消费税等	100	149	199
房屋及土地税	127	191	202
国家转移收入	36	44	47
借款、公有土地出让收入	104	114	178
合计	367	498	626

这些数字或许有点枯燥，但如果你想了解意大利这个国家的状况，显然必不可少。长期以来，政治学一直是文学的一个分支；现在是时候以实证科学和归纳科学为模式，采用与其同样的分析方法了。

让我们通过研究消费税，对国家负担增加有所认识；

为此，可以把国家、公社和各省征收的此类税收加总（后者体量较小，无关大局）。最终发现总数（以 100 万法郎为单位）为：1871 年，437；1882 年，641；1889 年，806。[26] 这一巨大的增长表明，通过征收消费税增加国库收入相对难度最低。与此同时，仔细的调查表明，1882 年至 1889 年，意大利的财富状况仅略有增加。在某些方面（如玉米和羊毛）消费甚至出现减少，因此不能说消费税收入的增加源自国家的繁荣；我们必须得出相反的结论，至少在很大程度上，人民的状况已经恶化。

74

意大利贫困状况在一定程度上推动了移民的增加，[27] 而这正是前文所述的政治体制最严重的后果之一。可以预料，情况将越来越糟。税收方面开源阻力最小的仍然是消费税，保护性关税使消费税负担愈发沉重。土地所有者有足够的能耐抵制对其财产的任何增税；他们甚至能够影响当局将土地税降低 20%，而此时正值国家开支大幅增加，消费税被迫水涨船高。[27] 房屋所有人不情不愿地同意略微增加他们需要缴纳的财产税，因为这种增税实际上需要通过增加租金的形式转嫁给租户负担。此外，

75

业主所说的房屋租金通常远低于实际租金，公共当局则对这种低估充耳不闻。在所得税方面也存在类似的弊端。几年前，政府公布了缴纳所得税做多的纳税人名单；其中的某些退税行为绝对可耻。一些法律界出身的议员，从他们的生活方式来看，每年的花费肯定不能少于6万法郎，却被认定为收入不足1.2万法郎。那些属于我们所说的政治小圈子的人，也享有很大程度的免税权，反之，同样的税赋落在普通人和那些没有权力和背景的人身上。未来，也许在财政开支不断增加的压力下，统治阶级中的重要人物也可能被迫付出代价。这可能会改变本国的政策。到目前为止，统治阶级还没有公然反对增加国家开支，因为他们有办法使自己富裕，同时满足自己的虚荣心。如果必须为这种放纵的生活付出代价，他们或许会倾向于悬崖勒马。然而，这种偶然性似乎还很遥远。西班牙和葡萄牙的例子表明，一个拉丁裔国家可能会在统治阶级放弃导致其破产的政策之前走向毁灭。本人认为，如果意大利政策发生变化，部分原因可能是法国出现了类似变化。

意大利罗马银行的破产与法国巴拿马运河骗局的破

产并不只是偶然的巧合。在这两个国家，由于相似的原因，出现了相似的影响。法国的机会主义和意大利的转型主义唯一的存在理由，就是给予信徒恩惠；从长远来看，这种利用国家资源的制度必然引发丑闻。虽然我们首先想到的就是应该由谁来承担责任，但应将问题归结于政治制度。在一次采访中，克里斯皮宣称，罗马银行行长坦隆戈①没有意识到自己做错了。这种说法相当可靠。从长远来看，近朱者赤，近墨者黑。在法国，就像在意大利一样，政府早在公众意识到这些丑闻之前就清楚这些丑闻的存在而不对其做出惩罚。在这两个国家政府中一些人，个人操守不容置疑。然而，他们从未想到，政府存在的首要原因是防止犯罪。他们想到了自己所在政党的利益，想到了他们所捍卫的政府形式上所取得的成功，想到了一切，但唯独没有想到文明国家制定法律

惩罚贪污欺诈，没有想到还有法官负责适用这些法律。

即使当公众知道有人犯下罪行时，政府也没有配合司法工作，而是试图横加阻挠。只有迫于舆论的压力，

---

① 伯纳多·坦隆戈（Bernardo Tanlongo，1820—1896），十九世纪意大利金融家。

才勉强同意对罪犯进行起诉；然后，法律的适用将会遭遇重重困难，似乎只有一个愿望，那就是隐藏一切。政治人物努力避免任何会给他的政党和整个国家带来耻辱的丑闻，这似乎完全可以理解。而这种情绪颇为值得尊敬。但很难理解，为什么在有机会将导致丑闻的犯罪行为绳之以法时，这种情绪反而没有表现出来。

早在 1879 年，意大利政府就意识到银行的行为异常。在当年提交议会的一份报告中，部长马格里亚尼和卡拉塔比亚诺①说："如果不对目前的状况进行认真的改革，一些中小机构中存在的困难可能会导致真正的灾难。"但十年过去了，政府除了从银行获得资金用于自身的政治目的外，什么都没有发生。最后，在 1889 年，政府对银行进行了检查。参议员阿尔维西和政府代表比亚基尼（J. Biagini）奉命核查罗马银行的资产。这两位先生发现了秘密非法的货币发行兑换总额为 25 976 358 法郎，阿尔维西在他的报告中写道：

---

① 萨尔瓦多·马约拉纳·卡拉塔比亚诺（Salvatore Majorana Calatabiano，1825—1897），意大利政治人物。

罗马银行的会计方法存在缺陷，过度超发且弄虚作假，资产负债表登记混乱，将发行或保留用于更新的钞票与为未来非法流通而保存的钞票混同。

面对摆在眼皮子底下的这份报告，意大利政府没有采取任何措施，只是规定任何事情都不应公开。[28] 完全可以理解为什么政府认为惩罚已经犯下的罪行并不可取；但为什么不采取措施防止进一步的犯罪呢？事实上，政府的态度比消极被动更为恶劣：通过免除罗马银行赎回其钞票的义务，为这些政府不能忽视的罪行提供了便利；要不是科拉贾尼在众议院强烈反对，政府居然还想通过一项法律，将包括罗马银行在内的纸币的法定货币属性延长六年。1891 年，罗马银行发现自己因为秘密发行货币而进退维谷，不知道如何兑换是好。就公众而言，虽然政府已经允许银行拒绝赎回其所发行的钞票，但其仍然必须在相互结算时赎回各自发行的票据；这在意大利语中被称为"核查"（riscontrata）。1891 年 8 月 30 日，为了援助罗马银行，政府颁布了一项王室法令，废除了这项禁令；因此，银行得以继续秘密发行纸币。又过了一年半，1892 年 12 月 6 日，政府提出了一项法案，将银行纸币的法定货币身份再延长六年，并坚持废除"核查"制度。与此同时，罗马银行董事坦隆戈被提名为参议员。1892 年 12 月 20 日，当科拉贾尼谈到该银行的违规行为时，部长乔利蒂否认其管理存在任何异常。针对阿尔维西的报告，他进一步表示："这件事似乎没有什么例外，我必须承认我甚至从未读过那份报告。"但这显然不是事实。克里斯皮反驳了这一说法，并在 1893 年 2 月 22 日的议会质询过程中，通过宣读日期为 1890 年 6 月 14 日的笔记，证实了乔利蒂所言的矛盾性：

> 乔利蒂来找我；我们谈到银行的问题。乔利蒂严词谴责罗马银行；他宣布，检查中发现的事实为巡回法庭提供了材料。

乔利蒂对克里斯皮的更正没有异议。他回答说："我记不清用的是什么词，但既然克里斯皮坚持，那就算是我说的吧。"然后他为自己辩解称，他被告知罗马银行的一切都井然有序。但他没有解释为什么在提出延长法定货币期限的法案和提名坦隆戈参议员之前，会觉得没有必要核实告诉他的情况。

如前所述，在许多方面，意大利银行丑闻和法国巴拿马运河丑闻可以相提并论。但是，如果法语国家也经常受到困扰其拉丁语系兄弟国家的同样的邪恶折磨，那么前者迸发出的应对能力独树一帜。法国的体质更加强健；至少到目前为止，能像年轻人一样忍受着疾病，对年轻人来说，疾病只是暂时的危机，而不像老人那样无法抵抗疾病。也许，巴拿马运河事件所揭示的某一阶级的不道德现象，至少在目前，可能会使法国政府的议事日程发生重大变化；但目前一切还无从预见。

尽管与德国结盟，但法国这个榜样，在意大利仍然影响巨大。大部分人都从潜意识接受法国的影响；而这种源自潜意识的影响确实存在。在意大利，法语读者群体远超意大利，而德语出版物几乎无人问津。法国的文学、戏剧、科学、社交、巴黎的吸引力，以及种族和性格方面的亲和力，在很大程度上仍然保持着相对拉丁族裔的智力优势。因此，如果要修改拉丁族裔国家的议会制度，很可能从效仿法国开始，并从法国延伸到其他拉丁族裔国家。但是，未来的修改是会减轻还是加剧当前体制所带来的邪恶，结果只有在未来才能揭晓。

维尔弗雷多·帕累托

1893 年，佛罗伦萨

[1]1892 年 2 月 22 日，内务部长在议会的一次讲话中将福伦扎等地发生的暴动归因于推行房产税或家庭税（tassa di fuocatico o di famiglia），并由地方当局根据实际情况决定是否开征。议员詹图尔科（Gianturco）回应称："我们要处理的是巴西利卡塔省最富有的公社之一。几年前，公社理事会解散了，王室委员会发现，有充分证据证明该理事会存在严重的腐败行政；尽管如此，理事会成员还能再次当选。"

卡尔塔武图罗是西西里的一个小镇。这里的骚乱造成许多人丧生，起因是农民试图夺回据称属于公共财产但被私人据为己有的土地。1893 年 1 月 30 日，科拉贾尼先生在议会宣布，农民是对的，法律诉讼表明，超过 10 公顷的土地被个人非法侵吞。

²参见 Rossi，*The Basilicata*，page 571，描述了凶残的悍匪科帕（Coppa）的生平。

³导致强盗销声匿迹的原因，主要在于目前贯穿意大利的公路状况良好。

⁴Franchetti，*The Economical and Administrative Conditions of the Neapolitan Provinces*，pp. 28，29. 该作者随波逐流，几乎总是投票支持政府，倾向于夸大国家的繁荣而不是邪恶的状况。在政治和社会问题上，就像在法庭上一样，最值得信任的证词，来自承认不符合一般思维方式或者承认亲友犯错的人。有鉴于此，本文作者尽可能地依赖拒绝支持朋友抑或盲目反驳对手的人给出证词。

⁵美国读者在这种现象中不会发现意大利语有什么特别之处。他们中的许多人会不由自主地回忆起洛威尔（Lowell）在《比格罗文集》（*Biglow Papers*）中收录的"总统候选人"（Candidate for the Presidency）一诗：

"我支持宪法"

处心积虑的政客嘴上喊着，

背地里早就在寻找机会为自己牟利。

而机会就来自他们所处的地位。

⁶第一次大选于 1861 年 1 月 27 日举行。意大利王国当时还

不包括威尼斯以及罗马。1865 年 10 月 22 日的选举于 1866 年 11 月 25 日在威尼斯省完成。最后，1870 年 11 月 20 日的选举包括了罗马省。下表显示了根据 1860 年法律的合格选民总数，以及他们参与选举的比例：

	有选举权人数	实际投票人数	投票率
1861 年 1 月 27 日	48696	239583	57.22
1865 年 10 月 22 日	504263	271923	53.92
1867 年 3 月 10 日	498208	258243	51.83
1870 年 11 月 20 日	5300I8	240974	45.47
1874 年 11 月 8 日	571939	318517	55.69
1876 年 11 月 5 日	605007	358I58	59.22
1880 年 5 月 16 日	62I896	369627	59.44

[7] 参议员由国王任命，任期终生，获得提名者必须年满 40 岁，从教会要人以及通过任命或选举担任过重要政治职务的人中选出。提名 5 年后的科学院院士、杰出的科学者以及 3 年来每年直接缴纳 3000 法郎税金的公民也符合提名资格。除此之外，王室的男性成员也可加入参议院。

[8] 这是经营主干线的公司支付的比例。除此之外，还有一系列支线铁路，此类铁路公司只获得总利润的一半，但除此之外还有每公里 3000 法郎的固定补贴。

[9] 关于这个问题，1890 年在佛罗伦萨出版了一本署名托斯卡内利（Toscanelli）的小册子《被教皇攻击的宗教和国家：意大利应该奋起反击?》（*Religion and Country attacked by the Pope. Should Italy Defend Herself ?*）。议会议员托斯卡内利是一位优秀的天主教徒。德普雷蒂斯先生委托他与教皇谈判。德普雷蒂斯认为有钱能使鬼推磨，希望让天主教牧师为他服务（根据托斯卡内利告诉我们的内容，克里斯皮也与教皇达成了协议）。然而，教皇没有被说服。托斯卡内利写道，以下段落表明了这一点："应该在高等学校对目前教皇政治进行教育、分析和谴责"（p. 104）。"与教皇的政策作斗争，国家拥有好几种方法。一是不给予其世俗权力。这种办法显然无效。另一种办法是拒绝承认任何非由政府提名产生的教皇，如果这样的教皇行使任何管辖权，就对他进行惩罚"（p. 110）。

[10] 参见 Pantaleoni, *the Revue des Deux Mondes*, October 15, 1891。

[11] 意大利语中的"行政官"（pretor）类似于法语中的"治安官"（juge de paix）。

[12] Del Pubblico Ministero nell' Ordine Giustiziario（Naples, 1880）.

[13] Minghetti, Political Parties and their Interference with Justice

and Administration（1881）.

14 这是信中的一部分："我希望在这个与热爱、习惯和学习紧密相连的职业中战斗到生命的尽头。但我不得不放弃，因为法袍的尊严和法官的良心都禁止我出卖灵魂。"

15 1 月 25 日在法庭上宣读的地方行政长官卡萨利斯（Casa-lis）的信中有这样一句话："没有必要强调我是多么认真地希望斯特里盖利不要遭遇任何麻烦。"诺奇在法庭上宣誓作证称："负责起诉的官员坚持我们应该继续，如果不追究斯特里盖利的责任，案子就不能成立。然后我去了罗马，向掌玺大臣解释了情况。我说，尽管地方行政掌管没有保证斯特里盖利没事，但对这个家伙很感兴趣。"但这次罗马之行并未产生任何后果。但他补充道："我第二次回到罗马，扎纳德利先生告诉我应该勇敢坚持。"我们必须牢记，本案涉及伪证，而对方首长明知被告前科累累，这一点十分可悲。斯特里盖利仰仗行政长官的保护，后来参与抢劫一位名叫拉卡里尼（Lacarini）的金匠，并让一些无辜的人被判有罪。事情暴露后，警方向拉卡里尼提供了 2500 法郎，条件是这位受害人必须撤诉。

16 Carlo Lozzi, the Magistracy before the new Parliament. Observations à propos.

17 In the *Corriere di Napoli* of March 13, 1893, 巴勒莫的往来

信函如下："今天，上诉法院正在审理的一起民事诉讼将在上诉法院进行辩论，克里斯皮在该诉讼中为一方辩护……克里斯皮的一些朋友为在外面聚集闹事——示威活动非常激烈，对方的律师不得不暂停他的发言，因为有人喊道：'让克里斯皮说话。'法院院长没有勇气整顿法庭的秩序；他向克里斯皮所拥有的权势低头，诉讼在没有进一步争论的情况下草草审结。"

[18]如果需要除掉令当局不满的普通人，通常会利用袭警罪的名义追究这些人的责任。后者很容易遭遇警察陷阱，必要时警方还会伪造事实。尤其是最近几年，这种手法遭到滥用。向法院报告的这类罪行的数量为：1880 年：110 起；1881 年：7904 起；1882 年：8033 起；1883 年：8763 起；1884 年：9560 起；1885 年：661 起；1886 年：10152 起；1887 年：10669 起；1888 年：669 起；1889：10204 起；1890 年：1437 起。

[19]*Il Corriere di Napoli* 声称，最近的选举使大量罗马银行发行的钞票在托斯卡纳地区流通，而此前这些钞票在托斯卡纳几乎不为人所知。我不能保证这句话是真的。但另一种说法得到了强有力的间接证据的支持。据说在上一次选举中，有几位候选人给他们的选民发放裁开的 5 法郎或 10 法郎钞票，先支付半张，承诺如果当选，将提供另外半张。可以肯定的是，在选举后不久，流通的纸币数量（由粘在一起的不同部分组成）激

增，以至于政府的金融部门负责人不得不向财政部申请对此事作出裁决。看来，投票支持的候选人没有成功当选的选民，不得不把他们得到的半张钞票拼凑在一起；而且，即使是那些支持的候选人当选，并且收到了已经持有的半张钞票另外一半的选民，在匹配时也经常出错。

[20]明格蒂先生在谈到意大利议会制度的退化时表示："当民意代表不再代表原则时，就无法再被民族情绪打动；当他是金主、律师、背后大佬的代理人时，就会出现各种腐败的迹象……另一方面，一个不能召集主张特定立场的多数派的政府，有义务通过确保单个代表的支持来填补多数派留下的空缺，这些代表从中获得荣誉、恩惠和权力。"（Op. cit. p. 8.）2月24日，委员会现任主席乔利蒂在演讲中发表了一些后来似乎被他彻底忘却的言论："我们继续创造不被学生接受的大学教授，没有真正需要的工作，这一切都是为了给社会上一大群闲散的贫困人口谋条生路。从今以后，我认为我们将能够将'巴斯夏主义者'（Bastiat）为这个国家提出的定义应用到我们的预算制定过程当中，也就是说，这是一部伟大的小说，其中的每个人都试图以牺牲他人为代价来生活。"参议员贾西尼指出，对许多政客来说，我们的议会制度"尽管腐朽不堪，确实是因为它的缺陷，议员变成了一种教职，即便缺乏主观能力、文化水平低下，

但只要用上一点花言巧语和一些陈词滥调，要些阴谋诡计，找到几个记者当吹鼓手，任何人都可以成功地产生巨大的影响。" *Pensieri sulla Politica Italiana*（Florence，1889），p. 40.

[21] 那不勒斯的图里埃洛（Turiello）发表了一篇关于意大利性格特点及其对该国政治生活影响的非常出色的研究报告。然而，他对经济方面的重视不足。

[22] 基亚拉（Chiala）写道，1876 年克里斯皮访问柏林时向德国方面提出结盟时说："在此之前，谁曾怀疑德国会认为如果意大利遭到法国袭击，即使没有条约，也应该为了自己利益帮助意大利？1874 年 1 月 18 日，德国总理在如今已经被公开的信中向冯·阿尼姆伯爵（Count von Arnim）直截了当地表明了这一点。" Chiala，*Pagine di Storia Contemporanea*，pp. 279，280.

对三国同盟的热情远不如基亚拉的参议员贾西尼如是说："德国是最有理由感到满意的盟国之一。假设三个盟国在相互防御的义务方面完全平等。但是，就具体事实而言，这三个国家在领土要求方面是否都是平等的？当然不是。如果我们不与邻国争吵，谁会质疑意大利领土的完整性？奥地利的处境略显尴尬，不同的种族生活在其领土范围内。但在德国看来，战争不是一种模糊的偶然事件，而是一场为捍卫其对阿尔萨斯和洛林的征服而用兵的确定性。" Jacini，*Pensieri sulla Politica Italiana*，pp. 107，io8.

²³ 意大利政治体制的特点是，总是倾向于牺牲现实来换取表象。政府希望拥有一支至少能在纸面数字体现出来的强大军队。因此，军方选择在保持规模的同时，将有效兵力降至极限，但同时也损害了军队的指挥和稳固性。

²⁴ 参见 Mazzola, *the Giornale degli Economisti*，近年来意大利小麦的消费量有所下降。在 1892 年 3 月的《经济学人杂志》（*Journal des Économistes*）中，本文作者给出了一个估值，表明在 1886 年，每 100 位居民的羊毛消费量为 68 公斤，而在 1889 年至 1890 年，羊毛消费量减少到了 60 公斤。下表显示了进口到意大利的咖啡数量，单位为 100 公斤：

1887 年	1888 年	1889 年	1890 年	1891 年
142650	140267	135484	139824	138116

消费量明显减少；消费的减少通常意味着国家的贫困。

²⁵ 1891 年至 1892 年间，博彩业的成本为 4700 万法郎；邮政和电报部门的成本是 5000 万法郎。

²⁶ 公社和各省的预算按日历年（1 月 1 日至 12 月 31 日）编制。在 1884 年之前，国家预算也是如此，但从同年开始，国家预算期间改从 7 月 1 日到来年 6 月 30 日计算。为了获得 1889 年的总额，本文相应地取了 1888 年至 1889 年和 1889 年至 1890

年的平均数。

[27]移民分为临时移民和永久移民两种，但官方统计中对这两类移民的区分并不准确。事实上，为了避免与当局过多纠缠，许多移民推说暂时出国找工作，然后就一去不复返了。

	1878 年	1880 年	1882 年	1886 年	1888 年	1890 年	1891 年
永久移民	18535	37934	65748	85355	195993	104733	175520
临时移民	77733	81967	95814	82474	94793	112511	118111
合计	96268	119901	161562	167829	290736	217244	293631

[28]

	1871 年	1884-85 年	1886-87 年	1887-88 年	1891-92 年
土地税（单位：100 万）	128	125	116	106	107
房产税（同上）	51	65	67	68	84

[29]1893 年 2 月 22 日，法拉里斯先生（Maggiorino Ferraris）——众议员，曾担任派驻议会委员会记者，该委员会于1889 年在阿尔维西发表报告后审查了监管罗马纸币流通的拟议法律——在众议院表示："委员会主席（乔利蒂）并非不知情，令我深感痛心的是，当时他还是内阁成员，并在委员会中担任代表，定期出席会议……仍然故意向委员会提供虚假文件。"

译后记 *

103　　今年苦夏。

东北的天气变得闷热至极，加上翻译帕累托这本"小书"进展缓慢，每每坐在电脑前半个上午，却也仅仅能够敲出一行中文。和着无处不在的白热阳光与细小微尘，译事不易有如偈语，无情地照进现实。

帕累托说，"人类行为大多并非源自逻辑推理，而是源自主观情感。"最初接触翻译，恐怕也是如此。个中冷暖，非我不知。虽然时常祭出"痛苦本非快乐的对立面，而是作为快乐的一部分永存"的箴言聊以自慰，但数年来不断累积的挫败与苦闷，却在这个夏天，陡然失控。

---

* 感谢为本书意文及拉丁文翻译校正提供帮助的陈晓敏教授。

溽热的午后，天地宛如压力容器般笼罩四周，呼吸都变得有些困难，头脑的活动也随之进入慢放模式。恍惚间，突然想起初中时代读过的《教父》。"意大利人有个玩笑话，说世界太残酷，所以一个人非得有两个父亲照看他，这就是教父的由来。"

父亲离我而去已满三年。年龄的增长，意味着越来越多的获得与失去。无论是得是失，总有许多情非得已。而我，也不再是那个苍老的小孩。我和父亲之间作为"普通人的循环"，似乎已经结束，又似乎刚刚开始。

只是，向阳的山坡上，多了一抔青冢。

2021 年 8 月 4 日
于疫情时代的沈阳

图书在版编目（CIP）数据

精英的兴衰：基于理论社会学的考察／（意）维尔弗雷多·帕累托著；李立丰译. —北京：北京大学出版社，2021.12
ISBN 978-7-301-32816-3

Ⅰ.①精… Ⅱ.①维… ②李… Ⅲ.①人在历史发展中的作用—研究 ②议会制—研究—意大利 Ⅳ.①B038 ②D546.223

中国版本图书馆 CIP 数据核字（2021）第 274281 号

书　　　　名	精英的兴衰
	JINGYING DE XINGSHUAI
著作责任者	〔意〕维尔弗雷多·帕累托　著　李立丰　译
责 任 编 辑	柯　恒
标 准 书 号	ISBN 978-7-301-32816-3
出 版 发 行	北京大学出版社
地　　　　址	北京市海淀区成府路 205 号　　100871
网　　　　址	http://www.pup.cn　http://www.yandayuanzhao.com
电 子 信 箱	yandayuanzhao@163.com
新 浪 微 博	@北京大学出版社　@北大出版社燕大元照法律图书
电　　　　话	邮购部 010-62752015　发行部 010-62750672
	编辑部 010-62117788
印 刷 者	北京中科印刷有限公司
经 销 者	新华书店
	850 毫米×1168 毫米　32 开本　7.25 印张　114 千字
	2021 年 12 月第 1 版　2022 年 10 月第 2 次印刷
定　　　　价	48.00 元